セラピスト・フォーカシング

臨床体験を吟味し心理療法に活かす

Kira Yasuyuki
吉良安之

岩崎学術出版社

まえがき

　セラピスト・フォーカシングとは，セラピストが事例を担当するなかで，あるいは臨床実践を行うなかで自分自身が感じているさまざまな気持ちについて，フォーカシングの感じ方を用いて丁寧に注意を向け，ゆっくりと吟味する方法である。

　心理療法の場において，セラピストはクライエントの気持ちを感じ取り，受けとめ，それに応じていく。しかしその過程で，セラピスト自身もさまざまな感情を体験している。クライエントから多様な感情の波が流れ込み，セラピストの内面に波紋を広げるからである。

　セラピストにとって，臨床の場からいったん離れたところで，自分自身の心を主役として扱い，自分がクライエントとの関わりからどのような感情を受け取っているのか，あるいは職場における心理職の仕事のなかでどんなことを感じているのか，穏やかに味わう時間をもつことが有益ではないだろうか。特に，感情体験の蓄積によって余裕をなくし，圧倒されるような状態にあるときは，そのような時間が大切であると考えられる。

　セラピスト・フォーカシングは，「からだの感じ」を手掛かりにして心理療法の場で生じていることを振り返ることにより，セラピストが自分自身の体験していることを分化して捉え，整理するための時間である。それは自分自身の心を大切に扱い，ケアする時間になるとともに，そのような内的作業を通じて，自己理解やクライエント理解を深める機会が得られる。さらに，それをもとにして，心理療法の今後の進め方について考えていく場でもある。

　セラピストにとってこの方法は，スーパービジョンとは異なる意義をもつ。スーパービジョンは自分よりも臨床経験を多く積んだセラピストから，事例の見立て方や関係の作り方，応答や介入の仕方などについて指導を受ける，

学びの機会である。それに対してこの方法は，セラピストが自分の内面に感じていることを，自分のペースで丁寧に感じ取り，味わう機会である。セラピストにとって，自分の気持ちを感じる時間は，スーパービジョンの時間と同じくらい大切であると筆者は考える。

　筆者はこれまで長く，フォーカシングの経験を積んできた。その経験を土台にしてこの方法を新たに考案し，それを「セラピスト・フォーカシング」と名づけて，さまざまなセラピストと実践を行ってきた。本書では，この方法の概要や実施手順を紹介するとともに，多様な実践例を記載し，その意義や特徴を論じることにする。

　本書の概略を述べると，まず第1章において，心理療法の仕事を行うなかでセラピストに生じるさまざまな感情体験やそれらの性質，そしてそれらに向き合う必要性について述べる。第2章では，セラピスト・フォーカシングの概要とねらいを論じ，第3章では，この方法の3つのステップからなる手順や進め方を説明する。

　続いて，本方法のさまざまなセッション例を取り上げる。第4章では，ステップ1のみを実施したセッション2例を紹介する。第5章では，ある若手セラピストと個別事例について吟味を行ったセッション例を取り上げる。第6章では，3人の中堅セラピストと，いずれも個別の事例についてセッションを行った3例を示す。さらに第7章においては，職場におけるセラピストとしての体験を吟味したセッション例について検討する。これらのセッション例によって，本方法においてどのような心理作業が行われるのか，読者の方々に見ていただくことにしたい。

　それを踏まえて，第8章では本方法がフォーカサーとリスナー間のどのような人間関係のもとで行われる必要があるかを述べ，続く第9章では，本方法のセラピストにとっての意義，およびセラピストが心理療法を進めるうえでの意義について論じる。さらに第10章では，この方法を通常のフォーカシングと比較することによって本方法の特徴を明らかにし，第11章においては，本方法の今後の可能性について論じる。さいごの第12章では，本書

の締めくくりとして視野を広げ，セラピストとしての生涯発達を考える視点を提示するとともに，筆者が本方法を考案した心理的な契機について述べることにする。

　本書を通じて若手セラピストの方々が，自分自身の体験にもとづいて心理療法の実践を考えることに馴染んでいただけたら嬉しい。言葉の上滑りにならず，常に自分自身が感じていることを土台にして実践に携わることが大切だと筆者は考えるからである。また，臨床経験を多く積んだセラピストの方々にとっては，本書がセラピストとしての自分自身について振り返る機会になれば，ありがたい。セラピストとして年齢を重ねていくうえで，折に触れてそのような時間をもつ必要があると感じるからである。

吉良　安之

目　次

まえがき　*i*

第*1*章　セラピストの仕事と感情体験 ──────── *1*
1. はじめに　*1*
2. 心理療法場面での感情体験の性質　*2*
3. クライエントとの関係にもとづく感情体験　*3*
4. 職業人・生活者としての感情体験　*6*
5. セラピストの仕事の深さと難しさ　*7*
6. セラピストとして十分に機能し続けるために必要なこと　*11*
7. 自らの感情体験と関わるために　*14*

第*2*章　セラピスト・フォーカシングの概要とねらい ──── *17*
1. セラピスト・フォーカシングとは　*17*
2. フォーカシングの感じ方　*18*
3. セラピスト・フォーカシングを考案したきっかけ　*26*
4. セラピスト・フォーカシングのねらい　*33*

第*3*章　セラピスト・フォーカシングの手順と進め方 ──── *35*
1. 実施の仕方　*35*
2. 手　順　*36*
3. 進め方と教示　*39*
4. 留意点　*47*

第*4*章　ステップ１のみを行ったセッション２例 ────── *51*
1. ステップ１「全体を確かめる」のみの実施　*51*

 2. Aさんとのセッション　*52*
 3. B氏とのセッション　*60*

第5章　個別事例の吟味その1： ある若手とのセッションの例 ———— *69*
 1. 若手セラピストが体験すること　*69*
 2. Cさんとのセッション　*70*
 3. 若手セラピストにとっての本方法の意義　*82*

第6章　個別事例の吟味その2： 中堅セラピストとのセッション3例 ———— *89*
 1. Dさんとのセッション　*90*
 2. Eさんとのセッション　*96*
 3. F氏とのセッション　*106*

第7章　職場におけるセラピスト体験を吟味したセッション例　*117*
 1. フォーカサーのGさんの概要と状況　*117*
 2. 2回連続セッションの経過　*118*
 3. フォーカサーによる考察　*130*
 4. リスナー（筆者）による考察　*132*

第8章　フォーカサーとリスナーの人間関係 ———— *137*
 1. 同じ職種の仲間としての横の関係　*137*
 2. フェルトセンスに内在する歩みを大切にする　*139*
 3. リスナーの行うガイディングとは　*140*
 4. ベテランのセラピストがリスナーを務めるさいの注意点　*142*

第9章　セラピスト・フォーカシングの意義 ———— *145*
 1. 自身を主役として大切に扱う時間の確保　*145*

 2. 心理療法場面についての体験のレベルでの振り返り *147*
 3. 自身の体験の分化・整理と問題からの体験的距離 *148*
 4. 新たな意味の発見と自己理解の深まり *150*
 5. 主体感覚の賦活化 *152*
 6. 心理療法に進展を生み出す効果 *154*
 7. 心理療法の今後の進め方の吟味 *155*

第 *10* 章 フォーカシングとの比較からみた本方法の特徴 ── *159*
 1. 心理療法における関係の独自性 *159*
 2. 「空間を作る」と「全体を確かめる」との違い *161*
 3. 両者の体験の交錯したフェルトセンス *164*
 4. セラピスト・フォーカシングにおける関係の多層性 *165*

第 *11* 章 本方法の今後の展開に向けて ── *169*
 1. 本方法の多様な活かし方 *169*
 2. セラピスト以外の対人援助職への適用 *175*

第 *12* 章 セラピストの生涯発達を考える：
    本方法を考案した契機との関連を含めて ── *177*
 1. セラピストとしての熟練とクライエント側の受けとめ方 *178*
 2. セラピスト人生の後半を迎える時期の課題 *180*
 3. 臨床実践の機会を確保することの重要性 *181*
 4. フェルトセンスを手掛かりに自分自身に向き合う作業 *184*

 文　献 *187*
 あとがき *193*
 索　引 *196*

第1章 セラピストの仕事と感情体験

1. はじめに

　セラピストという職業は，自分自身の感情体験に常に向き合いながら，それとつきあっていく仕事である。日々の生活のなかで家族や友人と私的生活を過ごし，一人の社会人として職場の人間関係を営んでいるのは当然のこととして，さらにセラピストという仕事において，クライエントのさまざまな心理的悩み，迷い，苦しみを傾聴し，それに心を動かされたり揺さぶられたりしながら，それに対処していく方策をクライエントとともに考えていく。

　セラピストは心理療法の仕事のなかで，クライエントと濃淡さまざまな人間関係をもつことになる。それは必ずしも，心の通い合うような肯定的な人間関係ばかりではない。嚙み合わなさや喰い違いをお互いに感じることもあれば，無力感，不信感などに直面することもある。そのような困難な人間関係に向き合いながら，なおかつそれを維持し，乗り越えていくように努力する。その過程において，セラピストはクライエントとの間で生じた自身の感情体験を，面接の場の人間関係について検討するための素材として，吟味していく必要がある。

　しかしそのような心理療法のなかでの感情体験は，セラピスト自身の家族や友人との私的生活，そして職場での人間関係などによって支えられている。セラピストを取り巻く生活環境がそれなりに安定していることによってはじめて，セラピストはクライエントとの感情体験に安定して取り組むための心のスペースを得ている。逆に，私的生活や職場での人間関係において安心感や安全感を得にくい状況が続く場合には，セラピストは心理療法に必要な心のスペースを保ちにくくなる。

かと言って，セラピストに安定した私的生活や職場環境が必ずしも準備されているとは限らない。セラピストは当然のことながら，自分自身に与えられた人生の課題や困難を抱えながら，セラピストとしての仕事を維持していかなければならない。むしろ，一人の個人として，自身の課題や困難をしっかり引き受ける覚悟がなかったら，セラピストの仕事を行う資格もなくなってしまうように思う。個人としての自分の課題を引き受けているからこそ，空中に浮いた存在ではなく地上に生きる人間として，クライエントという別の個人の問題をともに考え，援助する立場をとることが許されるのではないだろうか。

このような感情体験とつきあいながらセラピストの仕事を続けることは，必ずしも容易ではない。私たちセラピストは自分自身の身に受けている心理的な状況について，振り返って整理しながら，そのなかでやっていく工夫を考える必要がある。以下，私たち自身の心理的状況について，検討していくことにしたい。

2. 心理療法場面での感情体験の性質

心理療法とは，クライエントが自らの内面に生じるさまざまな感情体験について，セラピストとともに吟味検討していくことにより，それを上手に取り扱っていけるようになることを目指す作業と言うことができるであろう。

多くのクライエントは自分自身の感情体験について，扱いにくさ，厄介さ，困難さを感じており，また，それによって自分の日常生活に支障が生じていると感じている。そして，クライエントの抱えるそのような悩みや葛藤が面接場面で表現され始めると，それを受けとめようとするセラピストの内側にも，何らかの心理的波紋が生じてくる。

クライエントからのメッセージは，言葉だけでなく，面接中の態度，ふるまい，雰囲気など，言葉以前の非言語的な産出によって表現される部分が多い。そのなかには，クライエント自身もあまり自覚しないままに表出されて

いるものも多く含まれている。したがって，それを受けとめてセラピストに生じる体験のうちの大部分は，容易に言葉にすることの難しい，漠然と感じられるようなものである。

このように，クライエント自身にはあまり自覚されないまま表出されている感情であっても，セラピストの内面には，それを受けとめてさまざまな波紋が広がる。したがって，セラピストは自分の内側に生じる体験を手掛かりにして，クライエントを理解したり，クライエントをいかに援助するかを検討したりすることが必要になる。セラピストとして機能するためには，セラピストは自らに生じている暗々裡の体験に気づき，それを受けとめていく必要があると言えるであろう。

しかし，セラピストも個人としての生活と歴史を背後にもつひとつの人格であるので，クライエントから持ち込まれるメッセージがそのまま，純粋な波紋となって広がっていくわけではない。天体望遠鏡に喩えて言うならば，私たちセラピストの心は，はるか彼方からの微細な星の光を誤差なく反映できる，正確に磨かれたレンズのようなものではなく，微妙な歪曲やでこぼこをもっていると考えておくべきであろう。つまり，そのような歪曲も内包した自分自身の人格と交差したところに，セラピストとしての体験が生じていると言うべきである。したがって，セラピストはできるだけ自分の側のそのような偏りに気づき，自己理解を深めながら，クライエントに関わることが求められる。

セラピストにとって，心理療法場面での自らの感情体験は，それを喚起したクライエントの側の要因と，それを受けとめた自分自身の側の要因とが複雑に影響し合い，絡み合って生じていると言うことができるであろう。

3. クライエントとの関係にもとづく感情体験

次に，クライエントとの人間関係においてセラピストに生じる感情体験について，考えてみることにしよう。ここに挙げることは，修練を積んだセラ

ピストとしての理想的な感情体験のあり方を示そうとするものではない。むしろ、心理療法という職業に従事し、その職業人としての向上のために努力を積み重ねているが、しかし決して特別な人間ではなく、平凡な苦労を重ねながら自分の人生を生きている、私たちセラピストに生じる感情体験についてである。

　第一に、クライエントと類似した同型的な感情体験がセラピストに生じることが挙げられる。クライエントによって語られる話題には、さまざまなニュアンスの感情が含まれているし、セラピストはそれを受けとめ、追体験しようとする姿勢でクライエントに接している。すると、クライエントの言葉だけでなく、表情や語り口、声の質などから伝わってくるものも含めて、セラピストにはクライエントの感じているものが伝播してくる。例えば、不登校の子どものことで来談している母親との面接であれば、母親の感じている出口の見えない不安や焦り、問題の重さなどが伝わってきて、セラピストはそれに共振し、セラピスト自身も不安や焦りを感じがちである。

　周知のように、ロジャース（Rogers, 1957）は共感（empathy）について、「クライエントの私的世界をそれが自分自身の世界であるかのように感じ取り、しかも『あたかも……のごとく』という性質（"as-if" quality）を決して失わない——これが共感なのであって、これこそセラピーの本質的なものであると思われる」と述べているが、これはセラピストとしての鍛錬によって身につけていく、臨床的な技能と言える。そのような距離感を保ちながらクライエントに接することがいつも可能とは限らない。

　むしろセラピストは、スーパーバイザーなどから指摘されてはじめて、自分に起こっている不安や焦りの大きさに気づくことがある。そしてその気づきを通じて、「この母親は、それくらい焦って苦しんでいるのかもしれない」と、クライエントの心情に接近できることもある。心理療法においては、相手の揺れがこちらにも伝染してくるというような、共振動あるいは共鳴とも言えるような性質が生じると考えるべきであろう。

　第二に、クライエントの感情体験に対するリアクションないし反作用とし

てセラピストに生じる感情体験が挙げられる。例えば，さまざまな出来事について自責的自罰的な意味づけが繰り返され，別の視点をもつことが難しいクライエントに対して，セラピストはともすると苛立ちや不快感を感じがちである。あるいは，ナルシスティックで誇大的な内容の話に終始するクライエントに対して，そのようなかたちでしか自尊心を保てないのだろうと頭では理解しながらも，どこかで水を差したくなるような意地悪な気持ちが生じることがある。困難な面接過程では，クライエントによってセラピストがある感情体験を感じさせられてしまっているように感じることもある。

これらの感情体験は，それをそのままクライエントに対して表出すると，臨床的に不適切なものになることがほとんどである。セラピストはそのことを知っているので，それをどのように臨床的に適切なかたちで取り扱うべきか，工夫を重ねることになる。精神分析においてはこれを逆転移と呼び，セラピスト自身に生じたこのような感情を自覚するとともに，それをクライエント理解につないでいくための手掛かりにしていくような道筋が提示されている（例えば，ラッカー［Racker, 1968］の言う補足型同一視や，メラニー・クライン以来の投影性同一視の考え方［Spillius, 1988］）。また，そのような感情体験を自分の内側に保持しておけるようなセラピスト自身の人格的な機能の重要性が強調されている（ウィニコット［Winnicott, 1986］の「抱えること」など）。

しかしそのような工夫を重ねたとしても，クライエントに対するリアクションとしての感情が薄らぐわけではない。理論的な知識や理解によってそれを薄め，感じないようにしてしまったとしたら，それはむしろ知性化による防衛であるかもしれず，セラピストとして適切なこととは言えないだろう。セラピストは日々の心理療法の実践の場で，そのような感情を繰り返し体験しながら，その取り扱いを考えていく必要があると言えるだろう。

4. 職業人・生活者としての感情体験

　前節に述べた2点は，いずれもクライエントとの一対一の人間関係のなかで生じる感情体験であった。しかしセラピストが感じているのは，それだけではない。それ以外にも，セラピストは心理療法の仕事をするなかで，さまざまな感情を体験している。

　第一は，セラピストがある事例を担当し，面接を継続するなかで，クライエント個人に対してではなく，その周囲の状況に対して感じる感情である。

　セラピストはクライエントとの一対一の人間関係のみで心理療法の仕事を行っているわけではない。例えば，セラピストが医療機関で仕事を行っているとしたら，自分があるクライエントと行っているやりとりを医師や看護師ら他のスタッフがどのように捉え，評価しているかは決して無視することのできない重要な事柄である。心理療法の場ではクライエントは自分の辛さを語り，セラピストはそれを共感的に受けとめているが，そのクライエントが他のスタッフには別の姿を見せ，難しい患者になっていることがある。セラピストは他のスタッフから，心理療法の場でその面を扱えていないことを指摘されたり，疑問視されたりして，孤立感を深めるかもしれない。このような状況はもちろん，医療機関だけでなく，教育機関や行政機関などの職場においても同様に起こりうることである。

　また，現在の職場にいつまで勤められるかわからないために，クライエントにどこまで関わるべきか苦慮する場合もある。新たな職場で仕事をすることになり，自分がセラピストとしてどの程度の力量をもっているか，他のスタッフから評価されるのではないかと不安を感じながら事例を担当する場合もある。職場の環境自体が，セラピストにとって安全感をもちにくいこともある。

　以上のように，セラピストは職業人として心理療法の仕事をするなかで，職場全体のなかでの自分の状況について，さまざまな感情を体験している。そして時には，それらの感情体験がクライエントとの面接過程に直接大きな

影響を及ぼす。職場の環境が不安定なために，安定してクライエントとの一対一の関係に没頭できないような状況にあるセラピストは，決して少なくないと考えられる。

　第二に，心理療法の仕事をするうえで，セラピスト自身の個人的問題が大きな感情体験として影響してくる場合がある。例えば，あるクライエントを担当することについてセラピストとして自信をもてず，不安や動揺を感じるという場合があるだろう。特定のクライエントについて，自分のなかで未整理な個人的経験の記憶が重なるために穏やかに向き合いにくい場合もあるだろう。また，この仕事が自分に向いているのかどうか疑問を感じていたり，現在の職場の仕事に魅力を感じられなくなったり，転職を考えたりなど，職業的なアイデンティティが揺らいでいる場合もある。あるいは自分自身の家庭生活が不安定で，離婚を考えていたり，子どもの問題で頭を悩ませていたりして，心理療法の仕事を行うのに必要な心理的安定や余裕を保てなくなっていることもありうる。

　以上，セラピストという仕事に従事するなかで起こりうる多様な感情体験と，それらが交錯する状況について述べてきた。このように，セラピストはさまざまな感情体験のなかで仕事をしていくような心理的状況にある。このようなセラピストの仕事の，職業的な特性とはどのようなものであろうか。次に，その点について考えてみたい。

5. セラピストの仕事の深さと難しさ

　心理療法は，クライエントとの感情のやりとりを通じて，クライエントの内的適応や外的適応が改善される方向への変化をねらっている。そしてそのためには，クライエントがふだん他者に対して見せているような表面的な水準での関わりではなく，より内奥にある（時にはクライエント自身もそれまで十分に自覚していなかった）思いや考えも含めてやりとりするような関係が必要になってくる。

そのような関係を築いていくことができたら，それはクライエントにとって，それまでに経験したことのない「深い関係」と感じられるものであるかもしれず，またセラピストにとっても，それはとても貴重で，大切な出会いと感じられるようなものかもしれない。セラピストがこの仕事を続けていけるのは，クライエントとの関係から，多大なエネルギーを与えられるからであるように思われる。セラピストの仕事は，そのような意味での深い魅力をもっている。

　しかし上記のような関係を築き，それがお互いにとっての大切な場になっていくためには，セラピストに修練が必要となる。セラピストの仕事は，クライエントに単なる快適な感情や情緒的満足感を提供することを目的とはしていない。不快な感情や否定的な考えも含めて，両者が心理療法の場でさまざまな感情や思考を経験し，表出し，それらを吟味していくようなやりとりを行うことで，クライエントが自分自身の感情の動きやその背景にある欲求，思考，意味づけなどに気づき，それらを緩め，それらから自由になっていくことを目指している。そのためには，セラピストには，クライエントおよびセラピスト自身に生じたさまざまな感情体験を取り扱っていけるような技能が必要となる。場合によっては，心理療法の過程で，セラピストがクライエントに巻き込まれ，クライエントと同じように困難な感情体験を経験し，そこから逃れられなくなることもありうる。

　このように，セラピストの仕事は，クライエントとの深い関わりのなかで行われるがゆえに，固有の魅力を有していると同時に，相応の難しさも抱えている。深い関係を取り扱っていくためには，そのための修練を必要としていると言えるであろう。そのようなセラピストの仕事の特性は，以下のようにまとめることができるのではないだろうか。

　第一に，多くは密室において一定の時間，クライエントと一対一の関係をもつため，濃密な関係になりやすいこと。

　第二に，その関係は1回限りのものではなく，またクライエントが望むときだけのものではなく，契約によって定期的に継続する場合が多いため，そ

のような関係を維持していくだけの技量が必要になること。

　第三に，特定の快適な感情をクライエントに提供することが期待されているのではなく，快適なものも不快なものも含めてさまざまな感情を相互に体験し，かつそれらを共有しながら，それらの感情を素材にして検討していくような場を提供する必要があること。

　第四に，セラピストはクライエントを受けとめ，理解し，クライエントへの関わり方を考えるために，自分自身の感情を用いる必要があり，心理療法の場での自分自身の感情に気づき，それを吟味すると同時に，クライエントへの感情表現においては，何をどのように表出するのか，何を抑制するか，という調整が求められること。

　以上のような特性をもった仕事であるだけに，セラピストという仕事を続けていくためにはさまざまな心理的な工夫が必要になってくると思われる。職務上のストレスに起因する衰弱状態は「燃え尽き（バーンアウト）症候群」（Burnout Syndrome）と呼ばれている。落合（2009）によれば，現在使用されている意味でこの用語を最初に用いたフロイデンベルガー（Freudenberger）は，精神科患者の社会復帰施設のボランティアを対象とした研究において，過度な仕事によって精神的・身体的に疲弊し，消耗した状態を指して，バーンアウトと呼び，バーンアウトに陥りやすいタイプを，「ひたむきに職務に専念する理想家」と捉えた。その後，マスラック（Maslach）らは調査研究にもとづき，情緒的消耗感，脱人格化，達成感の後退からなる尺度を開発しており，彼らはバーンアウトを，ヒューマンサービスの従事者が「長期の対人援助の過程で，解決困難な課題に常に晒された結果，極度の心身の疲労と情緒の枯渇をきたした症候群」と定義づけている。バーンアウトに関連する要因としては，個人的要因（パーソナリティ特性），状況・環境的要因，社会・歴史的要因が研究されており，これらが輻輳していると言われている（落合，2009）。

　心理療法の仕事においても，クライエントに対して多くの労力を注いだにもかかわらず，期待したほどの成果が得られないということは稀ではない。

そのような消耗感が続けば，バーンアウトと呼ばれるような衰弱状態に陥る危険性もありうる（アメリカでは，心理臨床家の職業的ストレスやその対処についての多くの研究が行われている。金沢・岩壁［2006］はそれらの文献を整理して紹介しているので，参考になる）。

　セラピストは「心の専門家」と言われるが，私たちセラピストはクライエントの心についてだけではなく，私たち自身の心をどのように取り扱うかということにも同じくらい，自らの専門性を発揮していく必要があると考えられる（このことは，臨床経験のまだ浅い若手セラピストにのみ当てはまることではない。臨床経験を積み重ねてきたベテランのセラピストにとっても，大切な事柄であると言えるのではないだろうか。セラピストとしての自分の人生を生き続けていく道のりにおいて，それぞれの年代で直面するさまざまな課題が存在すると考えられる。特にセラピスト人生の後半を迎える時期は，大きな心理的転換点になることを筆者は経験してきた。そのような転換の時期には，自分自身の心といかに向き合っていくかが重要になる。セラピストとしての人生の後半を迎えるさいのさまざまな課題や，その時期に向き合ううえで重要と考えられる事柄については，第12章において筆者の考えを論じることにする）。

　私たちセラピストが自分の心を生き生きした張りのある状態に保つことは，自分自身のために必要であるだけでなく，クライエントに対して良質の心理療法を提供するためにも不可欠である。心理療法という仕事は心の健全さを取り戻すために行われる作業であり，その作業を進めていくためには，クライエントおよびセラピストに生じたさまざまな感情を，丁寧に，細やかに取り扱っていくような，健全な心の動きが必要になるからである。

　では，セラピストが自分自身の心の健全さを保つためには何が必要になるのだろうか。私たちセラピストも一般の人たちと同様，自分自身の個人的生活におけるさまざまな悩みや苦難，それぞれの時期における生涯発達上の課題や危機に向き合いながら，人生を生きている。そのような個人としての課題を生きながら，なおかつ，仕事として他者の心理的苦難を受けとめ，それ

に同伴していくだけの心のエネルギーを，私たちはどのようにして手に入れることができるのだろうか。また，セラピストとしての心の危機に陥ったときには，それにどのように向き合っていけばいいのだろうか。

6. セラピストとして十分に機能し続けるために必要なこと

　アメリカでのセラピストを対象にした研究であるが，コスターとシュウェーベル（Coster & Schwebel, 1997）は，「心理臨床家として十分に機能すること」と題された論文において，以下の2つの研究を行っている。

　まず研究1では，資格取得後10年以上心理療法の仕事に従事しており，心理学の専門性を備えた大学教員らによって十分に機能しているセラピストとして推薦された人物のなかから，6名を対象にして面接調査を行っている。面接では彼らがセラピストとして十分に機能するためにどのようなことが寄与しているかを尋ね，それを分析して以下の10の要因を取り出した。挙げられた順番は面接者の主観的印象によるものである。①ピア・サポート（仲間同士の支え合い）。職場の同僚，大学院でともに学んだ仲間，同じ心理臨床家の友人らは，職業上の諸問題（例えば患者の自殺で受けたショック）や自分の個人的な問題（例えば離婚をしたことによる職業上の影響）に対処するうえで，力になってくれる。②個人的な人間関係（配偶者，家族，友人などとの関係）が安定していること。そのような人間関係は，仕事外の生活での安全感と親密感を提供してくれるとともに，職業上・個人的生活上の危機のときの支えにもなる。③過去に受けた，あるいは現在受けているスーパービジョン。④バランスのとれた生活。心理の仕事だけではない，バラエティのある生活。家族や友人との時間やレクリエーションの時間。⑤大学院や大学とのつながり。仲間やスーパーバイザーとの協力的で信頼感をもてる雰囲気は重要である。⑥個人心理療法を受けること。⑦教育機会の継続。研修会などへの参加を継続すること。⑧自分の育った原家族とのつながり。それは個人的価値観，倫理観の源であり，アイデンティティや自尊感情，安心感に

とっても重要である。⑨自分を損なう行動による損失の大きさの認識。それは資格を失いかねない非倫理的行動や良くない行動をとらないための歯止めとなる。⑩ストレスへの対処。休暇，休息，運動，友人と夕べを過ごすこと，スピリチュアリティなどは，生気を取り戻すために重要である。

　この結果を見ると，スーパービジョンや研修機会の継続などの研修活動の大切さ，および私生活の安定やバランスのとれた生活の重要さと並んで，仲間関係や大学院とのつながりなど，同じ立場や同じ職業をもつ人たちとの横の関係での支え合いがいかに大きいかがわかる。特にピア・サポートが第一に挙げられていることが注目される。

　続いて研究2は，ニュージャージー州心理学協会の資格会員を対象とした質問紙調査による研究であり，339名からの回答が分析されている。29の項目からなる5件法の質問紙（Well-Functioning Questionnaire）で，十分に機能するために心理臨床家が重要と考えているものを調査したところ，平均値が高い順に，上位7項目にランクされたのは以下のとおりであった。①自己に対する気づき・自己モニタリング。②個人としての価値観。③個人の生活と職業的生活のバランスを維持すること。④配偶者／パートナーや家族との関係。⑤個人心理療法。⑥休暇。⑦友人との関係。

　研究2によれば，自己に対する気づきや自己モニタリング，そして個人としての価値観が上位2つに挙げられている。自分の心の動きや自分のあり方に気づけること，モニターできていること，そして自分の価値観を大切にすることの重要性が見てとれる。

　コスターらはこれら2つの研究の総合考察において，以下の4点の大切さを論じている。

　第一に，個人間のサポートである。これには，仲間や同僚との間の親密で協力的な信頼関係（つまり専門家同士の関係）と，配偶者／パートナーや家族，友人など個人的な人間関係が含まれる。

　第二に，個人内活動として，自己への気づきとモニタリング，そして自己調整（人生の時期に応じて仕事量を減らしたり，余暇や睡眠を増やしたり，

心理療法を受けることを考えるなどの調整）が重要である。

　第三に，専門家としての活動（同僚とともに行う社会的問題への取り組み）や市民活動によって集団活動から情緒的満足を得ることの大切さである。

　第四に，セルフケアとして，個人的に満足のいく生活（休暇・余暇・リラクゼーション・運動・趣味）をもつこと，そして自らの専門性を上達させること（スーパービジョンや指導を受けたりワークショップを受講するなど，教育や訓練の機会をもつこと）が挙げられている。

　また，十分に機能できなくなっているときにとるべき対処としては，まず現在の自分の状態に気づくこと，それだけで難しければ，信頼できる仲間に援助を求めること，それで改善できなければ，心理療法を受けることを勧めている。

　以上，引用が長くなったが，コスターらのこの論文から，私たちは多くの示唆を得ることができるのではないだろうか。

　セラピストという仕事は私たちにとって，多くの時間と労力を費やして獲得した専門性にもとづいて他者を心理的に援助することにより，相応の経済的報酬と社会的地位を得る「職業」である。しかし一方で，前述したように，この仕事は自身の感情体験の取り扱いを抜きにしては成り立たないという性質をもつため，「職業」という意識と「自分」という主体の意識とを分けては考えにくい面を，本来的に内包している。ここには二面性がある。この仕事は，自分が現実社会で生きていくための経済的社会的な基盤としての職業であるという面と同時に，その職業人として十分に機能していくには，感情面を含めてそこに自らの個人的な人格を深くコミットする必要があるという面を併せもつのである。

　この二面性をどのように生きていくか。セラピストという仕事を選び，続けていくには，そのことに向き合っていくための何らかの手掛かり，何らかの方法が必要なのではないだろうか。

7. 自らの感情体験と関わるために

　本書では，そのための方法として，セラピスト・フォーカシングを紹介していきたいと考えている。この方法の概要や具体的な手続きは次の章以降に述べていくが，ここではその序論として，上述したような状況のなかでセラピストに何が必要になっているのかを考えてみたい。

　従来，セラピストが自分の担当する事例について吟味検討していくための機会としては，スーパービジョンが奨励されてきた。自分よりも経験のあるセラピストに，事例の経過を報告して指導を受け，その事例についてのアセスメントや介入方法についてともに検討していくことにより，心理療法の実践的な手ほどきを受ける機会である。

　小此木（2001）は，スーパービジョンには助言，指導，教育などの含蓄があること，そしてその目的はスーパーバイジーの教育なのか，それとも担当事例の治療に関する指導なのかがしばしば問題になることを指摘したうえで，「現在では多くの場合，スーパーヴァイジーの教育が主目的であるという観点がほぼ確立している」と述べている。馬場（2001）は，心理臨床の教育において，理論学習の段階，実習を通じた研修の段階に続いて，自分で事例を担当する段階があり，そこでのトレーニングの方法がスーパービジョンであると論じている。また西園（1994）は，「スーパービジョンとは，スーパーバイジーに，患者の症状や行動，態度など心理の見方とともに，スーパーバイジー自身の患者理解や言動など心理がどのように影響しあっているかを理解するのを援助する過程である」と述べている。

　アメリカの大学院で幅広く使われている，カウンセラーやセラピストの能力向上のためのスーパービジョンの実習ガイドとされる，ニューフェルツ（Neufeldt, 1999）の書籍を見ると，スーパーバイザーの行う働きかけは，教師の機能，カウンセラーの機能，コンサルタントの機能に分けられている。そしてこの3つの機能にもとづいて，スーパービジョンの初歩的技法として17の項目が挙げられ，スーパーバイジーとのやりとりの逐語記録をもとに

それらが具体的に説明されている。

　このようなスーパービジョンの機会は，先ほど述べたコスターらの論文においても，セラピストのセルフケアのひとつとして，自らの専門性を上達させる手段に挙げられていた。自らの専門家としての技能を上達させることは，専門家としての自分自身を助ける大切な活動であり，セラピストとして不可欠の作業であると考えられる。筆者自身も複数のスーパーバイザーによるスーパービジョンを受けたが，その経験から，自分が多大な恩恵を得たと感じている。

　しかしそのうえで，筆者はセラピストにとって，スーパービジョンの機会をもつだけでは不十分な点があるのではないかと考えるようになった。スーパービジョンに加えて何が必要かと言うと，セラピストが自分自身の感情体験を丁寧に感じ取り，味わうような機会である。私たちセラピストにとって，担当しているクライエントとの面接過程において自分がセラピストとして感じている体験について吟味する作業，また，特定の事例だけではなく，ある職場でセラピストとして働くなかで感じている体験や，セラピストとしての自分のあり方，生き方について改めて振り返る作業を行う時間をもつことは，とても大切なのではないだろうか。

　もちろん，スーパービジョンにおいても，セラピストの感情体験が取り扱われることは多いと考えられる。良質のスーパービジョンであれば，特にそう言えるだろう。しかし本来的に，スーパービジョンは研修の場であり，教育的な指導を受ける機会である。そこではクライエントが主役であり，セラピストはクライエントを援助するための理解と方法について検討し指導を受けることになる。

　これに対して筆者が必要と考えるのは，セラピストが自分自身を主役として扱い，自分自身のために自分の感情体験を吟味する機会をもつことである。前に述べたコスターらの研究において，セラピストとして十分に機能するための要因として，自己に対する気づきや自己モニタリングの大切さが述べられていた。自分の感情体験を丁寧に吟味する作業は，それを実践する方法と

言えるであろう。そしてまた，セラピストが集まり，お互いが各自の感情体験を吟味することを援助し合うようなグループ活動の場をもつことができたら，その場において，コスターらの言う「仲間や同僚との間の親密で協力的な信頼関係」を築き，専門家同士が相互にサポートしていけるであろう。筆者はそのような機会をもつことが，セラピストにとって有益であるように思う。

　もちろん，そのような機会は，セラピストのためだけに役立つのではない。担当しているクライエントとの面接過程においてセラピスト自身が感じている感情体験について検討する作業は，クライエント理解を深めることにもつながるのである。前に述べたように，クライエントから言語的，非言語的に伝わってくる波紋を，セラピストは自分自身に生じる感情体験として受けとめている。したがって，それを検討することは，クライエントの内側にある，まだ言葉になっていない体験に接近し，新しく発見していくための道筋となる。セラピストが自分の感情体験を丁寧に味わうことは，セラピスト自身にとって有益であるだけでなく，心理療法の仕事の質を高めることにもつながると言えよう。

第2章 セラピスト・フォーカシングの概要とねらい

1. セラピスト・フォーカシングとは

　第1章で述べたように，セラピストにとって，自分の担当している事例の面接過程で自らに生じている感情体験について，またある職場のスタッフとして働くなかで感じている気持ちや自分のあり方を振り返ったときの感情体験について，ゆっくりと時間をとって丁寧に感じ取り，吟味し，味わう機会をもつことはとても大切なことであると考えられる。セラピスト・フォーカシングとは，フォーカシングの技法を用いて，それを実践する方法である。

　フォーカシングは，アメリカの哲学者であり心理学者であるジェンドリン（Gendlin, 1964）によって理論化された心理療法の鍵となる体験の仕方であり，その後，自己理解のためのスキルとしてもさまざまな方向に発展しつつある方法である。筆者はこの方法に長く親しんできた。そしてしだいに，この方法は心理療法のなかでクライエントに対して直接適用するだけでなく，セラピスト自身が自分の体験について吟味するためにも有益な方法ではないかと考えるようになった。そのような発想から生まれたのが，「セラピスト・フォーカシング」である。

　セラピスト・フォーカシングは，後述するように，セラピストとしてうまく機能できなくなっているときに何が起こっているのか，何が必要になっているのかを検討するなかで，そのアイデアが浮かび，実践するようになったものである（吉良, 2002a）。その後，筆者および本方法に関心をもつ研究者によって，多面的な実践とその研究報告が行われてきた（吉良, 2002c；2003；2005；2009；Kira, 2003；2009；吉良・大桐, 2002；吉良・兒山,

2005；吉良・白石，2008；白石・吉良，2005；Fukumori & Kira, 2006；池見・河田，2006；池見・矢野・辰巳ほか，2006；伊藤，2006；伊藤・山中，2005；三宅・松岡，2007；真澄，2009）。

　筆者がこの方法をはじめて提案してからまだ10年を経ていないが，幸いなことにこの方法はまず，以前からフォーカシングを実践していたセラピストたちに受け入れられ，その後しだいに，これまでフォーカシングを経験する機会のなかったセラピストたちの間にも広まりつつある。筆者自身，この方法をさまざまな人たちと実践してきて，この方法が多くのセラピストにとって有益な体験になることを実感しつつある。

2. フォーカシングの感じ方

　セラピスト・フォーカシングについて話を進めていく前に，フォーカシングの感じ方とはどのようなものか，簡単に述べておく必要があるだろう。フォーカシングについてはすでに多くの書籍が出版されているので，詳しくはそれらを参照していただくことにして，ここではフォーカシングを理解するためのポイントに絞って，コンパクトに論じることにしたい。

1. エクスペリエンシングとフェルトセンス

　フォーカシング（Focusing）とは，ジェンドリンのエクスペリエンシング（Experiencing）の理論にもとづいて示された心理療法の鍵となる体験の仕方であり，またそれをもとにして開発された技法でもある。

　フォーカシングの基盤には，来談者中心療法の立場で行われた心理療法の実証的な研究が存在する。ロジャーズとともに臨床実践を行っていたジェンドリンとその共同研究者たちは，多くの心理療法面接の録音記録を検討し，心理療法が成功した事例とあまり成功しなかった事例とでは，やりとりにおいていったい何が異なるのかを調べていった。そこで明らかになったのは，クライエントが「どんな内容について語っているか」は心理療法の成功とは

あまり関係がなく,「どのような話し方をしているか」の方が大きな関係があるということであった。クライエントが何かの出来事について語るにしても,自分の感情について語るにしても,それらを淡々と語ったり他人事のように語る場合は心理療法はうまくいかず,それらのことを内的な体験として受けとめ,自分の感じていることをじっくりと感じて吟味しながら語る場合にはうまくいくことが明らかになったのである（池見,1984；吉良,1986）。

この違いは,自己の内外の出来事に対しての感じ方の違いと言うことができる（池見,1984）。その後,彼ら（Klein et al., 1970）はこの「感じ方の違い」を,クライエントの言語的発言（面接の録音記録）から評定することのできる尺度を作成した。EXPスケール（体験過程尺度）と呼ばれるものである。その評定基準を**表2-1**に示す。

心理療法がうまくいっているときのクライエントの感じ方について考えるのに,ジェンドリンのエクスペリエンシングの考えが重要になる。エクスペリエンシングとは,「感じられるものであって,思考されたり,知られたり,あるいは言語によって表現されるものとは異なって」おり,

表2-1　EXPスケールの各段階の特徴［吉良ほか（1992）より］

段階	特　徴
1	話の内容が非人称的で話者と心理的関連なし あるいは個人的な内容だが話者の関与が非人称的
2	話者と心理的に関連のある話題だが話者の感情は表明されない
3	外的出来事についての話者の個人的感情などが言及される
4	外的出来事よりもそれについての個人的体験や感情が話の主題
5	話者が自分の体験や感情について探索的にかかわる
6	自己探索的試みの結果新たな気づきが生じる
7	気づきが拡大し包括的な統合が生じる

出典：吉良安之・田村隆一・岩重七重・大石英史・村山正治（1992）体験過程レベルの変化に影響を及ぼすセラピストの応答——ロジャーズのグロリアとの面接の分析から．人間性心理学研究，10(1), 77-90. p.80.

「まさにこの瞬間において起こるもの」であり，「人がこの瞬間において，今ここで感ずる」ものである（Gendlin, 1961）。つまり，今この瞬間に，思考や言葉になる以前のものとして直接感じられているような，なまの体験と言うことができる（エクスペリエンシングの日本語訳としては，村瀬［1981］による「体験過程」が広く用いられてきたが，最近になってそれが再考され，「体験流」［諸富, 2009］や「体識」［近田, 2009］などの訳も提案されている）。

　私たちは日々，瞬間ごとに，何かを感じながら過ごしている。私たちの生活は，ため息をついたり，苛立ったり，あるいは少しほっとして軽い気分になったり，などの連鎖である。それら折々の「感じ」を，私たちはいつも何かしら感覚的に感じている。このような，私たちが瞬間ごとに内側に感じているものがエクスペリエンシングである。そのなかには，豊かで多様な暗々裡の意味（implicit meaning）が含まれている。

　例を挙げよう。受験生が第一志望の大学に努力して合格したときの気持ちと，自分が好意を寄せている異性が話しかけてきてくれたときの気持ちを比較してみよう。どちらの場合も，私たちは「嬉しい」という言葉で自分の気持ちを言い表すかもしれない。しかし体験のクォリティとしては，この両者はずいぶん異なるのではないだろうか。前者の場合は，元気の出るような力強い感覚を感じるのに対して，後者の場合は，胸が温かくなるような，体が少し軽くなるような感覚を感じないだろうか。このように，私たちは言葉だけを手掛かりにしたのでは，体験の細やかなクォリティを取り逃がしてしまう。しかしその実感を味わっていくと，そこに含まれた自分にとっての意味を，より豊かに感じ取っていけるのである。

　自分のなかに滞っていて，繰り返し生じるような「感じ」がある場合，それに注意を向けてそこに含まれたクォリティを吟味していくことで，自分にとっての意味を発見していくことができる。つまり，エクスペリエンシングに直接触れて，それを言葉にしていくことが，フォーカシングなのである。フォーカシングとは，心理療法がうまくいっているときにクライエントに生じている体験の仕方（感じ方）であると言うことができる。先に紹介した

EXPスケールでは、段階4から段階5を経て段階6（時には段階7）に至るプロセスが、これに相当している。

さて、フォーカシングでは、このような実感を感じ取るために、"からだの感じ"に照合することを大切にする。エクスペリエンシングは注意を向けなくても、気づいていなくても常に生じている（近田, 2009）が、"からだ"に注意を向けることで、それに直接触れていくことができる。"からだの感じ"としてそれを具体的に捉えたものが、フェルトセンス（felt sense）である。日本語にすれば、「感じられた意味感覚」ということになるだろうか。私たちは"からだの感じ"を感じ取ることによって、エクスペリエンシングに直接触れることが可能なのである。

このため、心理療法においては、クライエントがフェルトセンスを感じ取り、それを少しずつ言葉で表現できるように促すことが重要になる。フォーカシングに基盤を置いた心理療法では、フェルトセンスに直接注意を向け（直接のレファランス）、それを言葉にしていく（象徴化あるいは概念化）プロセスが重視されるのである。このようなプロセスを促すために、セラピストはクライエントの言葉を自らの"からだ"を通じて感じ取り、それにもとづいて応答していく。クライエントが自身のフェルトセンスに触れていけるように促すのである。ジェンドリン（Gendlin, 1968）はそのような応答の原則を「体験的応答」（Experiential Response）と呼んで論じている。彼が応答の原則として述べていることのポイントを筆者がまとめたものを、**表2-2**に示しておくことにする。

2. 適度な体験的距離

フォーカシングを理解するうえで、もうひとつ重要な点がある。それは、適度に体験的距離をおくことの重要性である。ある気持ちについて感じるさいに、フォーカシングでは、体験的距離が近すぎる状態や遠すぎる状態ではなく、その中間くらいの適度な距離をとることを大切にする。気持ちとの体験的距離が近すぎる状態とは、ある感情を強く激しく感じている状態であり、

表 2-2　体験的応答の原則［吉良（2002b）より］

①クライエントの感じているフェルトセンスに応答していく。
②新しいいろいろな面がそこから具体的に現れてくるように，フェルトセンスを解明しようとする。
③そのために，セラピストは試行錯誤的にさまざまな方向を試してみる。
④クライエントの体験的な軌道（フェルトセンスの中にもともと含まれている方向性）についていく。
⑤セラピストの応答は，クライエントがその瞬間に感じている感覚を正確に指し示さなければならない。
⑥クライエントが前よりもより多く，より前進して感じていけるように，クライエントが感じていることを明らかにしていく。
⑦クライエントだけが自分の軌道を知っている。セラピストは，クライエントの体験的軌道についてのクライエント自身の感じによって進んでいく。
⑧エクスペリエンシングの推進が生じたことは，クライエントが生き生きとしてきて「確かにこんな感じだ」という実感を感じていることによって確認されるし，その時には新しい面が浮かびあがってきて話題の焦点（体験の内容）が移ってゆく。
⑨さまざまなオリエンテーションにもとづいた理論的な概念は，クライエントが今現在感じていることを体験の水準で指し示すのに使用できるとき，心理療法に役立つものになる。
⑩クライエントが感じていることを正確に十分に解明していくことが，心理療法の深さである。

出典：吉良安之（2002b）『主体感覚とその賦活化——体験過程療法からの出発と展開』，九州大学出版会，p. 49 を一部改変して表にした。

遠すぎる状態とは，その実感を感じられなくなっている状態である。フォーカシングの感じ方としては，そのいずれも適切ではない。

　例えば，自分が誰かに対して怒りを感じたとしよう。その怒りを強く激しく感じているときには，誰か別の人に八つ当たりをしたくなるかもしれない。あるいは，椅子を蹴飛ばしたくなるかもしれない。しかしそれは体験的距離

が近すぎる状態であり，怒りの体験そのものは，色で表せば「真っ赤」と表現されるような単色のものである。

　フォーカシングでは，そのような体験の仕方ではなく，たとえ怒りであっても，その感情体験を穏やかに，丁寧に感じ取ることを大切にする。ある人に怒りを感じているとしたら，それを静かな心の状態で「自分はその人とのやりとりをどんなふうに感じているのだろう」と吟味してみようとする。そのように感じてみると，怒りのなかには，相手が自分の言葉を誤解して受けとめてしまった悔しさや，自分の気持ちを伝えようとしても伝わらないもどかしさ，そして自分の気持ちをわかってくれようとしない相手への腹立ちや悲しさが含まれていることに気づくかもしれない。つまりフォーカシングを行うことで，自分の感じている怒りのなかにさまざまなニュアンスの気持ちが複雑に含まれていることに気づいていけるのである。

　これとは逆に，体験的距離が遠すぎて，怒りをあまり実感として感じることができずに傍観者的になったり，他人事のように扱ってしまう場合もある。そうなってしまうと，自分の感じていることの細やかなクォリティを味わう機会を逃してしまうと言えるだろう。

　このように，フォーカシングにおいて大切なのは，自分の感じていることを穏やかに，丁寧に感じていく姿勢である。フォーカシングとは，そのような「体験の仕方」のことであると言える。ジェンドリン（Gendlin, 1964）は前述したフェルトセンスについて（この論文ではそれを「直接のレファランス」と呼んでいるが），それが情動（emotion）とは異なることを強調している。彼の言う情動とは，体験的距離が近すぎる状態で生じる，単色の「怒り」「悲嘆」などである。フェルトセンスはそれとは異なり，そのなかにさまざまな豊かな意味が内包されている。適度に体験的距離を保ちながらフェルトセンスに注意を向けて吟味することにより，そこに含まれた豊かな意味に気づいていくことができるのである。

　フェルトセンスに含まれたさまざまな意味に気づくことは，単に「気づく」だけに留まるものではない。そこから，次のステップ（自分がとるべき行為

や行動など）が生み出され，プロセスが生じる。ジェンドリン流の言い方をすれば，「フェルトセンスには，次のステップが含意されている」と言うことができる。これが，エクスペリエンシングの推進（Carrying forward）である。このように，フォーカシングはただ単に気づくことに終わるものではない。エクスペリエンシングに直接触れることによって，プロセスが動き出し，次の一歩が踏み出されていくのである。

3. フォーカシングの実践の展開

　フォーカシングとは，これまでに述べてきたような「体験の仕方」のことを指している。そしてその後，このような体験の仕方を土台にした心理療法が発展してきている。それは現在，「フォーカシング指向心理療法」と呼ばれている（Gendlin, 1996）。

　フォーカシング指向心理療法の考え方の特徴は，他と異なる独自の流派としての主張を行うのではなく，フェルトセンスはさまざまな流派の心理療法を統合するためのかなめになることを主張する点にあると言える。ジェンドリンは「流派や技法はすべて，硬くこだわればこだわるほど，心理療法の妨害になる。常に最優先されるべきは，クライエントその人と，その人とセラピストの今ここでの関係なのである」「フェルトセンスはいろいろな道筋（言葉，イメージ，認知的信念，記憶，感情，対人的相互作用，夢など，各流派で用いられる手掛かり）をつなぐかなめになる」「からだで感じられた辺縁（エッジ）に意識的に注意を向けて，それを体系的に使うことで，どんな方法もそれ自体の道筋にとどまりながら，より効果的な方法になるのである」と述べている（Gendlin, 1996）。流派の枠や，用いられる治療的道筋に限定されず，さまざまな理論や方法で実践されている多様な心理療法の根底に共通する土台として，フェルトセンスが息づいていることに注目し，それを臨床に活かすことが大切にされるのである。

　一方，フォーカシングの体験の仕方を身につけるための技法も提案されてきた。ジェンドリン自身がそのための手順を開発しており（Gendlin, 1981），

その後，コーネル（Cornell, 1994; Cornell & McGavin, 2002）も彼女独自のフォーカシング技法の手続きを提案している。また最近では，フォーカシングの体験の仕方を土台にして，インタラクティブ・フォーカシング（Klein, 2001），ホールボディ・フォーカシング（McEvenue, 2002），グループ・フォーカシング（藤嶽ほか，2005；新田，2004；土江，2005）など，新たな方法が開発されてきている。これらは心理療法としてだけでなく，上記の体験の仕方を一般の人たちが学び，自分のために活かすための方法としても発展してきている。

さらに特定の主題や対象および他技法とのジョイントを扱ったものとしては，夢のフォーカシング（Gendlin, 1986），TAE（Gendlin, 2004；村里，2005；得丸，2008），心の天気（土江，2008），子どもとフォーカシング（天羽，2005），フォーカシング指向アートセラピー（Rappaport, 2009），解決指向フォーカシング療法（Jaison, 2007）などの方法が考案されている。本書で提案するセラピスト・フォーカシングも，セラピストという特定の対象への適用を意図したフォーカシング技法のひとつと位置づけられるであろう。

一般には，フォーカシングは心理療法の一技法，あるいは自己理解のための一技法として知られるようになってきている。しかし，これらの多様な技法の背景には，ジェンドリン（Gendlin, 1996）が強調しているように，多様な流派の心理療法をつなぐかなめになるような「体験の仕方としてのフォーカシング」があることを忘れてはならない。技法としての手順が特になかったとしても，前述したような体験の仕方が大切にされ，実践され，それを促すような働きかけとやりとりが行われているならば，そこにフォーカシングの過程が生じているのである。本書を読むセラピストの方々には，そのことをぜひ理解していただきたいと思う。

3. セラピスト・フォーカシングを考案したきっかけ

1. 主体感覚に関する研究

　筆者がセラピスト・フォーカシングを考案するに至った経緯を述べるためには，筆者自身の行ってきた臨床研究の概略を紹介する必要がある。筆者の研究は，上述したジェンドリンの理論を土台にしているが，自身の考えを表現するために，独自の用語として「主体感覚」という概念を用いている。以下に，この「主体感覚」について説明しよう。

　筆者は，前述した「体験的応答」（Gendlin, 1968）を中心的な方法として，対話心理療法を行ってきた。体験的応答とは，クライエントが感じているはっきりと明確な感情だけでなく，もっと複雑で暗々裡に感じられている状況全体についての感覚や，状況についての意味づけなどの認知的な成分も含めた全体にセラピストが応答していく方法と言うことができる。それによってクライエントは自らが暗に感じているものに直接注意を向け（直接のレファランス），それを少しずつ言語化することによって明示的な意味にしていくこと（概念化）が可能になるとされている。

　しかし筆者（吉良，2002b）は，さまざまな事例に向き合ってきた経験から，体験的応答を行うことによって直接のレファランス・概念化のプロセスが生じる事例だけではなく，同じように応答を行ってもこのプロセスが容易には生じにくい事例も存在することに気づくようになった。そして，このような違いは何に由来するのかを検討するなかで，"体験に伴う自律性の感覚"が保たれているか，損なわれているかが重要ではないかと考えるようになった。すなわち，問題となる体験に圧倒されたり振り回されたりするのではなく自律的に向き合う感覚をもてているか，問題となる体験に自律的に対処できる感覚をもてているか，問題となる体験が起こっても問題感から分離した自律性を感じられる体験領域をもてているかどうかである。筆者は，この自律性の感覚は体験の主（あるじ）としての主体の感覚につながっていると考え，それを「主体感覚」と呼んでいる（吉良，2002b）。

さまざまな悩みを抱えてそこから脱出することの難しいクライエントの人たちに共通するのは，彼らが自らの体験に振り回されたり圧倒されたりしていて，自分の体験であるにもかかわらず，それに対して対処不能感，無力感を感じている点にあると言うことができる。自分がある体験をしている，というよりも，ある体験が自分を支配しているような状態になってしまうのである。私の体験であるにもかかわらず，その体験が私を支配し，私を振り回してしまい，それに対して私は対処することが困難になる。そうなると，それとは質の異なる別の体験をもつことも難しい。「私」という主体の感覚を十分確保できなくなり，折々の出来事を新鮮に味わってそれに反応するような弾力が失われ，生気をなくし，問題となる体験にいつも左右されているような状態になる。筆者が"主体感覚の損なわれた体験"と呼ぶのは，このような性質の体験のことを指している。

　では，心理療法の過程ではどのようなことが生じるのだろうか。

　まず体験的応答によって直接のレファランス・概念化のプロセスが生じる事例について述べよう。心理療法の開始当初はクライエントの体験の主体感覚は損なわれているが，セラピストの体験の主体感覚は保持された状態にある。セラピストがそのような体験の状態でクライエントの体験に関わっていくと，クライエントはしだいに自分の体験に振り回されなくなり，それにしっかりと向き合えるようになる。すなわち，セラピストの体験の仕方がクライエントの体験の仕方に影響を及ぼし，しだいにクライエントの体験の主体感覚が回復してくるのである。するとそれをもとにして，クライエントは直接のレファランス・概念化という内的作業を行えるようになってくる。この内的作業によって，クライエントの体験の主体感覚はさらに賦活されるのである（**図 2-1**を参照）。

　一方，体験的応答を行っても直接のレファランス・概念化のプロセスが生じにくい事例では何が起こっているのだろうか。そのような事例では，上記のような事例に較べて，クライエントの主体感覚の損なわれた体験が圧倒的な力をもっており，かつ根強いことが観察される。主体感覚の損なわれた体

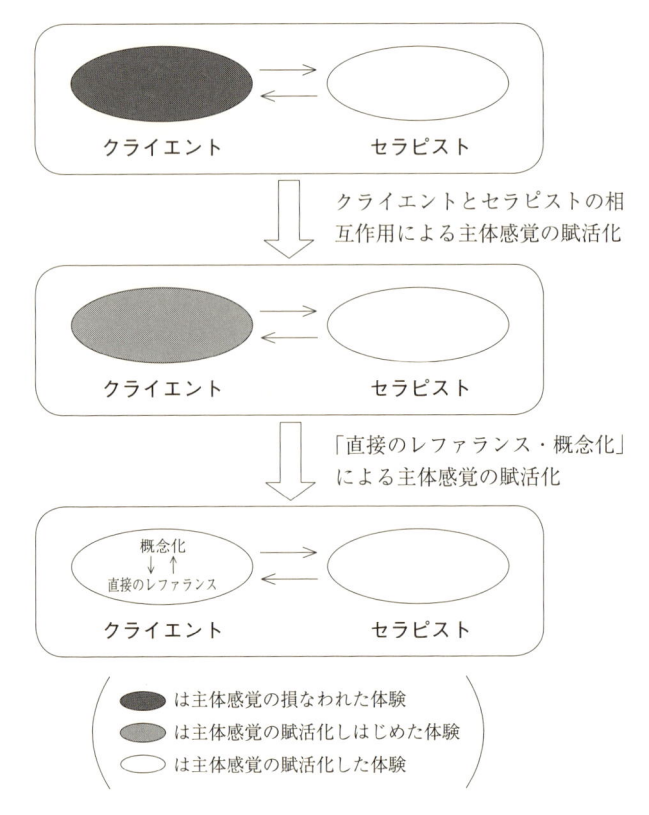

図2-1 クライエントの体験の主体感覚の賦活過程 [吉良 (2002b) より]

出典：吉良(2002b)『主体感覚とその賦活化——体験過程療法からの出発と展開』，九州大学出版会，p. 62.

験の力がきわめてパワフルであり，それがクライエントを強く支配しているのである。このため，セラピストが関わってもクライエントの体験の主体感覚を賦活することはきわめて困難であり，したがって，直接のレファランス・概念化も生じにくい。

そしてさらに，後者のような事例の心理療法を行っていると，クライエントの体験の仕方がセラピストの体験の仕方に影響を及ぼし，セラピスト自身

の体験の主体感覚も希薄化しがちである。例えば、面接中にセラピストが不快な気分や苛立ちなどの強い情緒の虜になってしまってそれから抜け出しにくくなったり、クライエントへの関わりについて考える自由度が失われて決まり切った働きかけの反復に陥ったり、どうしようもない無力感に襲われてセラピストとして無力化させられてしまうような状態である。

　体験的応答が奏功する事例においては、セラピストの体験の仕方がクライエントの体験に影響を及ぼすことができるが、このような事例では逆に、クライエントの体験の仕方がセラピストの体験に影響を及ぼし、セラピストの主体感覚はクライエントと同様に損なわれてしまいがちなのである。

2. セラピストの主体感覚を賦活するために

　後者のような事例の心理療法においてまず必要となるのは、セラピストが自身の体験の自律性の感覚（主体感覚）が希薄化していることに気づき、それを自ら賦活していけることである。自身の体験の主体感覚を回復しなければ、心理療法のその局面に適したアプローチを考えて工夫していくための生気や自由度を取り戻せないからである。まずはセラピストが自分自身の状態を立て直すこと、セラピストとして機能できるような心の状態を取り戻すことが課題となる。どのようなアプローチを行うのが適切かを検討するのは、そのうえでのことである。

　セラピストが自身の体験の主体感覚を回復するための方法として、筆者はセラピストが心理療法の場面での自らの体験について「直接のレファランス・概念化」の作業を行うことが有益ではないかと考えるようになった。自分の体験に圧倒されたり振り回されたりしているような状態ではなく、自分自身の体験に穏やかに注意を向け、自分が何をどのように感じているのか、一つずつ丁寧に吟味していくような作業である（図 2-2 を参照）。筆者はそのために、フォーカシング技法を用いることができるのではないかと考え、セラピスト・フォーカシングの方法を考案するに至ったのである（吉良，2002a）。

　筆者がこの方法を考案した背景には、自分自身の経験が存在する。筆者は、

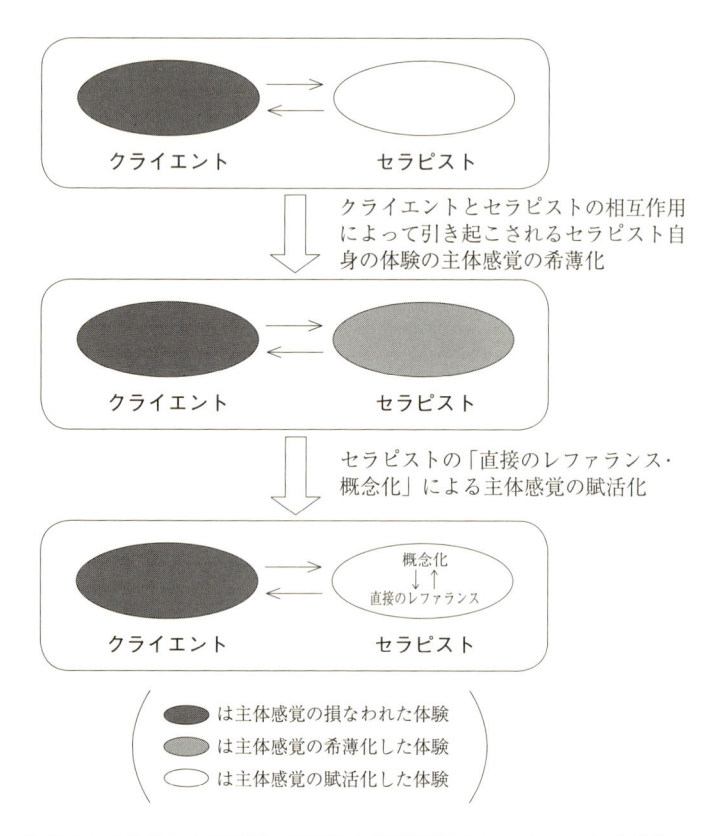

図 2-2　セラピストの体験の主体感覚の希薄化と賦活過程　[吉良（2002b）より]

出典：吉良(2002b)『主体感覚とその賦活化——体験過程療法からの出発と展開』，
　　　九州大学出版会，p. 79.

　心理療法の過程で行き詰まった状況になり，自分がセラピストとしてうまく機能できていないと感じると，その事例で何が起こっているのだろうかとあれこれと考え始める。そのさい，その事例を外部から観察するような目線で検討するのではないように思う。ましてや，クライエントにどのように介入すべきだろうかとか，どんな技法が使えそうか，というような技法論を考えているわけではない。それよりも，クライエントの表情や態度，そのときの

自分の気分などを想起しながら，面接中の雰囲気や関係のあり方全体を思い出して，それをフェルトセンスとしてつかもうとしている。

そしてフェルトセンスが感じられてきたら，その感触を何度も反芻しながら，それがもう少し望ましいものに変わるには何が必要なのだろうと思案し始める。そうすると，例えば，「自分がクライエントに言ったあの言葉のなかには，少し苛立つような気分が混じっていた。そしてそのときクライエントは，すっと遠くに離れていくような雰囲気になった。もう少しクライエントが受け入れやすい言い方はないだろうか。もっとこんな言い方をしたらどうだろうか。クライエントはどんな雰囲気になるだろうか」というような考えが浮かんでくる。あるいは，「クライエントがときどき見せるあの表情に，自分はいつも何か引っかかるような感じがしたままになっている。機会を見つけて，こちらからそれを取り上げてやりとりができないだろうか。こんな取り上げ方をしてみたらどうだろうか」というアイデアが生まれてくる。そこから，クライエントへの関わり方や，やりとりの仕方の工夫を考えることが可能になってくるのである。

このように，筆者は自分自身のフェルトセンスを手掛かりにして，面接の場で起こっていることを検討してきた。そのような経験が，この方法を考案することにつながっているように思う（筆者がこの方法を考案したことと関連すると思われる自分自身の体験が，もうひとつある。そのことについては，第12章の4節に述べることにしたい）。

3. 適用範囲の拡大

その後さまざまなセラピストにこの方法を実施してみたところ，この方法は，困難な事例を抱えて主体感覚が損なわれた状態に陥っているセラピストだけでなく，より広く，自分自身の体験を振り返りたいと感じている多くのセラピストにも有益であることがわかってきた。フェルトセンスという実感を味わうかたちで，自分の体験に触れ，吟味することは，自身の感情体験にふだんから向き合いながら仕事をしているセラピストにとって，貴重な時間

になることがわかってきたのである。そのようにして，この方法の適用範囲は広がっていった。

　我が国では，セラピストのためにフォーカシングを役立てようとした実践例は，実はかなり以前から報告されてきている。村山（1984）はプレイセラピーのスーパービジョンの一環としてセラピストにフォーカシングを行った事例を報告しており，フォーカシングがセラピストの感じている意味の明確化に有効であったこと，セラピスト自身の気持ちを明確にすることでその後の技術指導が有効になったことを報告している。近田（1995）は彼自身がカウンセラーとして，クライエントの問題に巻き込まれて自分のやっていることが見えない状態にあったときに12回のフォーカシングのセッションを継続し，自分がからだで感じていることを丁寧に取り扱っていったことにより，問題に巻き込まれていない自分を取り戻し，カウンセリングで起こっていることを外側から眺めることが可能になったと述べている。また伊藤（1999）は，試行カウンセリングにおいてカウンセラー役割をとるなかで自分の問題に直面した大学院生がフォーカシングを行うことにより，大きな心理的変化が生じたことを報告している。さらに井上（2001）は，スーパービジョンにフォーカシングを用いることで，セラピスト自身がケースをどう進めていったらよいか見出すことができると述べ，個人スーパービジョンやグループスーパービジョンの例を紹介している。

　これらの先行研究は，筆者がセラピスト・フォーカシングの方法を考えていくうえで，大変参考になるものであった。また，近年では英国においても，マディソン（Madison, 2004）はスーパービジョンのなかでフォーカシングを用いるさまざまな道筋を論じている。このように，フォーカシングはセラピストにとって大変重要なものであることが認識されつつあると言うことができる。

4. セラピスト・フォーカシングのねらい

セラピスト・フォーカシングという方法を，セラピストはどのように役立てることができるだろうか。筆者がこの方法のねらいと考えていることを，述べてみたい。

1. 自己理解の促進と体験的距離の醸成

この方法によって，クライエントとの関係のなかで自分が感じていることに注意を向け，探索していくことにより，セラピストとしての自分自身の体験についての理解を深めていくことができる。セラピストは面接過程での自分の体験を感じ取ることにより，セラピストである自分が何を感じているのか，自らの体験に含まれた多様な暗々裡の意味を感じることができるのである。

また，セラピストが面接過程でさまざまな感情に圧倒され，混乱したり身動きがとれなくなっているときには，この方法を用いて自分が感じていることを丁寧に吟味することによって，自然にそのような感情から体験的な距離が生まれ，感じていることを穏やかに眺めることが可能になる。圧倒してくる性質の体験からほどよい距離を見つけ，クライエントと自分との間に生じていることを静かに眺められるようになるのである。

この方法は，さまざまな事例を担当するなかで共通して自分に生じがちな体験について，あるいは所属する職場で複数の事例を担当するなかで持続的に生じている体験について吟味するために，実施されることもある。心理療法の仕事をするなかで，セラピストは繰り返し類似した体験に陥ることがあるし，ある職場でのセラピストとして仕事をするうえで扱いにくい困難さを感じている場合もあるからである。そのような場合も，この方法によって自分の感情体験を感じ，理解することは大変有益である。セラピストとしての自分のあり方を振り返り，自己理解を深める機会になるからである。

2. スーパービジョンとの役割の違い

　第1章に述べたように，筆者は，この方法はスーパービジョンとは役割がかなり異なると考えている。スーパービジョンにおいては，スーパーバイザーがセラピストに対してさまざまなコメントや指導を行う。それはセラピストにとって，事例の外側，そしてセラピストの外側にいるスーパーバイザーからの声を聞くことで，事例を検討する機会である。

　これに対してセラピスト・フォーカシングは，セラピストが自らの内側の体験の感覚を手掛かりにして，面接過程でクライエントとの間に起こっていることについて，またセラピストとしての自分自身のあり方について，吟味を行う機会である。つまりセラピスト自身の内側のフェルトセンスの声を聴くことによって，心理療法過程で何が生じているのか，自分がどのような状態になっているのかを振り返る機会であると言うことができる。

　本来，事例の外側からの声と自分の内側からの声は車の両輪のようなものであり，セラピストにとって両方とも重要なものであろう。しかしこれまで，セラピストが自分自身の内側の声を聴くための体系的な方法は提案されてこなかった。セラピスト・フォーカシングは，そのための方法であると言うことができる。

　したがって，この方法をスーパービジョンの代用になるものと考えるべきではないだろう。スーパービジョンは，特に初心のセラピストにとっては不可欠の研修機会である。セラピスト・フォーカシングによる自身の体験の吟味・理解と，スーパービジョンによるクライエント理解の促進や臨床技法の検討は，セラピストにとって相補的な機能を果たすものであると考えられる。

第3章 セラピスト・フォーカシングの手順と進め方

1. 実施の仕方

　セラピスト・フォーカシングは，セラピストが自分自身の体験のフェルトセンスに触れることによって，エクスペリエンシングの推進が生じるのを促す方法である。特定の事例を選んで行われることもあれば，さまざまな事例を担当するなかで感じている体験を扱う場合や，ある職場での心理職としての体験の全体を扱う場合もある。

　この方法では，スーパービジョンのように，毎週一度とか2週に一度というような継続的な契約は必ずしも必要ではない。1回限りでのセッションでもよい。むしろ，セラピストが事例に行き詰まりを感じていたり，自分の体験を振り返って感じてみたいと思うときなど，セラピスト自身が必要性を感じたときに行うのが有益である。

　この章では，筆者がもっとも使いやすく感じるため，親しんで用いている手順を説明していく。しかしセラピスト・フォーカシングは，必ずしも一定の手順に沿って進む必要があるわけではない。第2章に述べたフォーカシングの体験の仕方の2つのポイント，すなわち，①適度な体験的距離を保ちながら，②フェルトセンスに触れていく，という2点が大切にされていれば，手順はさまざまに変化しうる。なぜなら，セッションを開始してフェルトセンスに触れていくと，そのフェルトセンス自体が方向性をもっており，その道筋に沿って進むことで，エクスペリエンシングの推進が生じるからである。

　しかし，これからセラピスト・フォーカシングを体験してみようと考えている人にとっては，手順が示されている方がわかりやすいし，実施しやすい

であろう。登山者にとっての地図のような大まかな全体像がある方が，始めやすいと考えられる。そのような意味で，本書では筆者が用いている手順を示すことにする。

2. 手　　順

　本方法は，原則として2名によるペアでの対話形式で実施される。自身のセラピスト体験についてフォーカシングを行う人（フォーカサー）と，相手がフォーカシングを行うプロセスに同伴して傾聴し，必要に応じてガイドも行う人（リスナー）の2名である。

　セッションを行う時間は，前もって設定することは難しい。短ければ30分程度だが，長ければ60分〜80分程度を要する。所要時間は，扱うテーマの大きさや体験の進み具合によって異なる。また終了後の対話も大切であるため，筆者は少なくとも90分の時間を作ってセッションを行うことにしている。

　セッションは，3つのステップから成る。以下，各ステップについて説明する。

1. ステップ1：全体を確かめる

　ある事例を担当するうえでクライエントに対して感じている気持ちや，その事例を担当することに関連して感じている気持ちの全体，あるいは，いろんな事例を担当するなかで自分がセラピストとして感じていることの全体をゆっくり振り返り，そこで思い浮かんでくるさまざまな気持ちをひとつずつ確認していく作業である。まず1つ目が浮かんだら，それがどのように感じられるかを確認したうえで置いておき，再度全体に戻って2つ目を確かめる。これを何度か繰り返し，いくつかの気持ちを確認したうえで，「これでだいたいよさそうだ」ということになれば，次のステップに移る。

　このステップ1を進めていくさいに，フォーカサーは自らの内側に感じら

れている感覚（つまり，フェルトセンスの萌芽となるもの）を手掛かりにして，気持ちを確認していくことになる。ただしこのステップでは，それを深く吟味していくことはしない。それよりも，自分がどんなものを感じているのか，まずは次々に確認して全体像を確かめることに主眼を置くのである。筆者がこの作業を重視するのは，これまでの経験で，はじめからひとつのフェルトセンスに深入りするよりも，自分が感じていること全体の見取り図を描いた方が，後でどれかのフェルトセンスを選んで吟味していくさいにも，体験的距離がとりやすくなると感じているからである。

　フォーカサーの希望ないし判断，あるいは時間の都合によっては，ステップ1でセッションを終了する場合もある。後述するように，このステップ1を丁寧に行うことにより，新たな気づきや発見，自己理解が生まれることもある。したがって，この「全体を確かめる」という作業だけで，独立したセッションとすることができる。その場合には，多少時間をかけてフェルトセンスを味わい，確かめながら，このステップを進めていくことが多い。

　セラピスト・フォーカシングという方法に慣れていくには，まず，このステップ1だけを行うのが適切である。なぜなら，それ以降のステップに較べて，このステップは手順をある程度定式化できるので，セラピスト・フォーカシングに慣れていない人でも実施しやすいからである。

2. ステップ2：方向を定める

　確認できた複数の気持ちを振り返りながら，そのうちのどのあたりについて，さらにフォーカシングの作業を進めていきたいと感じるかをフォーカサーが自らに問い，セッション進行の方向を定めていく。フォーカサーに開眼してもらい，ブレイクを入れるかたちをとって，進め方を話し合う場合もある。

　フォーカサーがセラピストとして，その事例を担当するうえで大きな困難や辛さを抱えているときには，それを乗り越えていくにはどのあたりに焦点を当ててフォーカシングを行うのが有益か，フォーカサーとリスナーの両者で一緒に考えることが必要な場合もある。

3. ステップ3：フェルトセンスを吟味する

　ステップ2で選んだ気持ちについて，ゆっくりと時間をかけて感じ，フェルトセンスを確かめ，そのフェルトセンスを吟味していく。そのなかで思い浮かぶことを言葉にしていくことによって，新たな発見をしたり気づきが生まれることが期待できる。フェルトセンスには，感情的特質，からだの感覚，イメージ（またはシンボル的なもの），生活への関わり（またはストーリー）の側面が含まれており（Cornell, 1994），そのどれかの側面から入り，それを他の側面にも展開していくことによってフェルトセンスを十分に感じ取ることが可能になる。そしてそれらを吟味する過程で，フォーカサーに新たな気づきが生じる。コーネルの示しているフェルトセンスの4つの側面を，**図3-1**に示しておく。

　このステップ3の進み方は，セッションによってさまざまであるため，それを定式化することは難しい。それぞれのセッションにおいて，独自の道筋

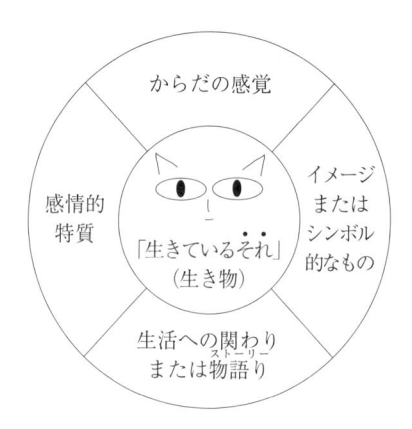

図 3-1　完全（フル）なフェルト・センスと「生きているそれ」[コーネル, A. W. (1996) より]

出典：アン・ワイザー・コーネル（著）村瀬孝雄（監訳）大澤美枝子（訳）(1996)
『フォーカシング入門マニュアル　第3版』, 金剛出版, p. 132.

を見つけ，進んでいくことが必要になる。しかしその道筋は，フォーカサーのフェルトセンスのなかに含意されている。フォーカサーのフェルトセンスに耳を傾け，それに沿って進んでいくことが大切である。

3. 進め方と教示

表3-1に，「セラピスト・フォーカシングの進め方と教示例」を示した。この表に沿って，具体的な進め方を説明していくことにする。

(A) セッションで扱うテーマを決める

まず，セッションで扱うテーマをフォーカサーに決めてもらう。

「あなたがセラピストとして担当している特定のクライエントとの関わりについて感じていることについてフォーカシングを行ってもいいし，あるいは，セラピストとしていろんなクライエントやスタッフと関わるなかで感じていることや，今の職場でセラピストとして仕事をしていくうえで感じていることについて行うこともできます。このセッションをどのように行いましょうか」と尋ねて，フォーカサーにしばらく考えてもらい，そのセッションで行うフォーカシングのテーマを決めてもらう。

この方法を考案した当初は，筆者は特定のクライエントとの関わりについてフォーカシングを行うことを想定していた。しかしフォーカサーと話し合い，希望を聞いていると，特定の事例についてではなく，さまざまな事例を担当するなかで自分が感じていることを扱いたい，というセラピストにも多く出会うようになった。そこで，それも選択肢に入れて，テーマを決めてもらうようになった。

扱うテーマについては，リスナーが提案や示唆をするのではなく，フォーカサーに希望を尋ねて自分で決めてもらうのがよい。なぜなら，フォーカサーはどのようなテーマを扱いたいと感じるかを自分自身に問いかけるなかで，自分のフェルトセンスに少しずつ触れていくからである。「このテーマを扱

表 3-1 セラピスト・フォーカシングの進め方と教示例

#A 何についてフォーカシングを行うか（テーマ）を決める
　　…特定のクライエントのことか，セラピストとして感じていることか
　　・テーマの概要を簡単に話してもらう

#B 始める準備
　　・落ち着ける場所を見つけて座る。体を締めつけるものをはずす
　　　（閉眼または開眼。どちらでも可）
　　・「ゆっくり自分の内側に注意を向けて，始める準備をして下さい」
　　・「準備ができたら，片手を挙げて知らせて下さい」

#C セッションを始める
　　・「では，そのこと（選んだテーマ）について自分が感じていることの全体を，ぐるっとゆっくり，眺めるつもりになって下さい」
　　・「自分がそのことについてどんなことを感じているか味わってみて，何かひとつ感じられてきたら，言葉にして教えて下さい」

#D ①全体を確かめる
　　・「○○な感じなんですね」「その感じをゆっくり味わって下さい」
　　・「その気持ちについて，からだのどこがどんな感じ，というように感じることはできますか？」
　　・（例）「その人に対して○○な気持ちがあるんですね」
　　・（例）「からだの●●のあたりが▲▲な感じなんですね」

　　・「それを1つ目として，そのままそっと置いておくことはできますか？」
　　・「『こんな感じがある』ということで，置いておいていいですか？」

　　・「全体に戻って，他にどんな感じがあるか確かめてみて下さい」
　　・「他にどんな感じがあるだろうかと，自分に聞いてみて下さい」
　　　　・「その感じをゆっくり味わって下さい」
　　　　・「それを2つ目として置いておけますか？」
　　　　　（…これを，3つ目，4つ目と繰り返す…）

・「他にも何かありそうですか？」
・「これまでに確かめたことで，だいたい良さそうですか？」
　　　（これまでに見つかった感じを振り返って確認）

〈次の#E，Fに進んでもよいし，ここで終了することにして#Gに進んでもよい〉

#E　②方向を定める
・「これから先，どう進めましょうか？」
・「いくつか確かめたうちで，『このあたりについてもう少し感じてみたい』というのはありますか？」
・「『この感じについてもう少し感じてみよう』というのはありますか？」

#F　③フェルトセンスの吟味
・「その感じをもう一度，ゆっくり感じてみましょう」
・「さっき，『○○な感じ』と言っていましたね」
・「どんな感じ（イメージ）が浮かびますか？」

#G　セッションを終了する
・「この辺で，セッションを終われそうでしょうか？」
・「終わる前にしておきたいことはありますか？」

・「では，このセッションを終わっていきましょう」
・「このセッションで見つけた『感じ』を十分味わってから，少しずつ現実に戻って下さい」
・「少し体を揺すってから，ゆっくり目を開けて下さい」

#H　終了後の対話
・お互いに思ったこと，感じたことを語り合う

いたい」と決めるときには，すでに自分の内面に，ある感覚を感じ取っているわけであり，以下のプロセスはそれを味わう方向で進んでいくことになる。テーマを決める時点で，すでにフォーカシングのプロセスは始まっていると言うことができる。

　テーマが決まったら，選んだ事例について，あるいは扱おうとするテーマについて，フォーカサーからその概要を簡単に話してもらう。これはフォーカサーの話にリスナーがついていくためである。スーパービジョンのように詳細に報告したり，資料を用意したりする必要はない。セッション中は，具体的な内容よりも，どのように感じているかが主に語られるため，前もって大まかな概要がわかっている方が，リスナーはフォーカサーの話についていきやすい。

(B) 始める準備

　スペースがあれば，自分が落ち着ける場所をフォーカサーに見つけてもらい，そこに座ってもらう。椅子に座ることもあれば，カーペットや畳に腰をおろすこともある。リスナーはその横に座る。フォーカサーに，目は閉じてもいいし，開けたままでもいいことを伝える。そして「ゆっくりと自分の内側に注意を向けて，始める準備をして下さい」「準備ができたら，片手を挙げて知らせて下さい」と伝える。

　何か気になって集中しにくいことがあれば，それを言ってもらう。そして，例えば照明が明るすぎるとか，窓からの光がまぶしい場合など，調整可能なことであれば調整する。寒ければ，上着を羽織ってもらう。また，フォーカシングをはじめて体験する場合の緊張感や不安などは，それを話してもらうことで緩むことが多い。このような準備作業を行うことで，ゆっくりと内面に集中できるような状態を作る。

(C) セッションを始める

　フォーカサーの準備ができて，合図の片手が挙がったら，セッションを始

める。以下のような教示を伝える。「では，ゆっくり始めましょう」「そのこと（選んだテーマ）について，自分が感じていることの全体を，ぐるっとゆっくり眺めるようなつもりになって下さい」。

　特定のクライエントとの関わりについてセッションを行う場合には，筆者は，「その事例を担当するうえで，あなたがクライエントに対して感じている気持ちや，その事例を担当することに関連して感じている気持ちの全体をゆっくり振り返って下さい」と伝えるようにしている。なぜなら，クライエントに対する気持ちだけでなく，その事例を担当することに関連した気持ちにも重要なものが含まれていることがあるからである。例えば，上司や同僚からの評価が気になっている場合や，職場の環境がセラピストにとって安全感をもちにくい場合などが挙げられる。

　以上のような教示の後，「自分がそのことについて，どんなことを感じているか味わってみて，こんな気持ちがあるなあと，何かひとつ感じられてきたら，言葉にして教えて下さい」と伝える。

(D) ステップ1：全体を確かめる

　フォーカサーから1つ目の気持ちが語られたら，それがどのように感じられるか，確認する。「～な感じなんですね」「その感じをゆっくり味わって下さい」などの教示を行う。「その気持ちについて，からだのどこがどんな感じ，というように感じることはできますか？」と尋ねることもある。ただしステップ1では，"からだの感じ"として感じにくい場合は，無理をする必要はない。フォーカサーが1つ目の気持ちを何らかの具体的な気持ちや感覚（こんな感じ）として感じていれば，それで十分である。他の教示の例としては，「その人に対して，～な気持ちがあるんですね」とか，「からだの～のあたりが，～な感じがするんですね」などがある。

　1つ目の気持ちについて，その実感が少し確かめられたら，それをいったん置いておく。"置いておく"とは，それを対象化して，そこから心理的に離れることを意味する。教示としては，「それを1つ目として，そのまま

そっと置いておくことはできますか？」「1つ目として『こんな感じがある』ということにして，置いておいていいですか？」などがある。次の第4章で述べるように，置く作業を行ううえで，イメージが助けになることも多い。どのようにすれば置きやすくなるのか，どこにどのように置いておくのかをフォーカサーが工夫するのに，イメージは具体的な手掛かりを提供してくれるからである。

　次に，再度，そのテーマについて感じている気持ちの全体に戻る。「では全体に戻って，他にどんな感じがあるか，確かめてみて下さい」「他にどんな感じがあるだろうかと，自分に聞いてみて下さい」などと教示する。そして，2つ目の気持ちが確認されたら，同じようにその実感を具体的に確かめ，それを置いておく。

　このようにして，3つ目，4つ目，というように繰り返す。筆者は3つ目ないし4つ目くらいが確認されたところで，「これまでに確認できたことを，私から言ってみますね」と伝え，メモを見ながら，フォーカサーの語ったことのキーワードを復唱することが多い。そして「他にも何かありそうかどうか，確かめてみて下さい」と促したり，あるいは頃合いを見て，「これまでに確かめたことで，だいたい良さそうですか？」と尋ねたりする。そして一応の区切りがついたところで，次のステップ2に進むことになる。

　ここで"一応の区切り"と述べたのは，フォーカサーの側から，例えば「これまで取り上げたもので，だいたい良さそうです」とか「他にも小さなものはありそうだけど，今は取り上げなくても良さそうです」というような発言があったときである。少ない場合で3つ程度，多い場合で6～7つ程度のことが多い。確認される気持ちの数は，多くても少なくてもよい。それよりも，フォーカサーに一応の納得がいくことが大切である。

　以上のようなやりとりを，リスナーは機械的に行うのではなく，フォーカサーの体験の流れを感じ取りながら行うように心掛けるとよい。また，じっくりと時間をかけて味わいながら進んでいくフォーカサーもいれば，リズムよくスピーディーに進んでいくフォーカサーもいるので，リスナーはそれに

応じてペースを調整する必要がある。

　前節で述べたように，このステップ1でセッションを終了することもある。セッションを始める前に，「ステップ1だけを行いましょう」と話し合って決めておく場合もある。また，ステップ1でかなり時間を使ったために，予定の終了時間に近づいていたり，ここで終了した方がよさそうだとフォーカサーもリスナーもともに感じる場合もある。あるいは，ステップ1の区切りがついたところで，次のステップに進むよりも，これまでに確認された気持ちについて対話のかたちで話し合う方がフォーカサーにとって有益だと判断される場合もある。以上のような場合には，以下に述べる（E）と（F）は行わずに，（G）に進むことになる。

（E）ステップ2：方向を定める

　ステップ1に一応の区切りがついた時点で，ステップ2に移る。リスナーはフォーカサーによってこれまでに確認された気持ちを復誦し，そのうえで，フォーカサーに以下のように尋ねる。「これから先，どんなふうに進めましょうか？」「いくつか確かめたうちで，『このあたりについてもう少し感じてみたい』とか，『感じてみよう』というのはありますか？」。そしてフォーカサーの判断に応じて（あるいは両者で話し合って），セッションを進めていく方向を定める。

（F）ステップ3：フェルトセンスを吟味する

　ステップ2で選択された気持ちについて，フォーカサーが再度，自分の内側でゆっくりと丁寧に感じ，それについてのフェルトセンスを感じ取り，吟味していく。教示としては，「その感じをもう一度，ゆっくりと感じてみましょう」とか「さっき，『〜な感じ』と言っていましたね」などと伝えることが多い。「それは，からだの感じで言うと，どんな感じでしょう？」と尋ねることもある。また，フェルトセンスを吟味する過程で，イメージが浮かんでそれが扱われることもある。さまざまなかたちで，フェルトセンスとフ

ォーカサーとの間でのやりとりが進んでいく。

　前節に述べたように，ステップ3の展開の仕方はセッションによって異なる。どのような展開が起こるかは，進んでみないとわからないところがある。フォーカサーのフェルトセンスに含意された道筋に沿って進んでいくことによって，次の展開が生じてくるのである。したがって，一般的な教示の仕方をここで述べることは難しい。本書の第5章と第6章に，ステップ3まで行ったさまざまな実例を記載しているので，詳細はそこから読み取っていただきたい。

　（G）セッションを終了する

　ステップ3がひと段落したところで，セッションを終了する方向に進むことになる。フェルトセンスが展開し，収束していく流れによって，フォーカサーにもリスナーにも，そろそろ終了の方向に進んでいこうという合意が生じてくることが多い。時間的には，長くても60〜80分程度のところで区切りにするのが良いようである。

　リスナーから「このあたりで，セッションを終わりにしていけそうでしょうか？」と尋ね，フォーカサーもそれに合意できたら，終了の方向に向かう。そのさい筆者は，「終わる前に，何かしておきたいことはないですか？」と尋ね，フォーカサーに考えてもらうことが多い。すると例えば，「この感じをしばらく味わってから終わりたい」とか，「今日見つけたものを自分のなかに順に納めてから終わりにしたい」とか，「この感じを入れておく容れ物をイメージして，それにこの感じを納めてから終わりたい」などが思い浮かぶことがある。

　また，継続中の事例についての気持ちをテーマにしてセッションを行った場合には，筆者は「このクライエントにこれからも会っていくのに，どんなことを心掛けていたらいいか，考えてから終わった方がいいのでは？」と提案し，フォーカサーもそれを希望すれば，それを吟味してから終了に向かう場合がある。

以上のようなやりとりの後，リスナーから「では，このセッションを終わっていきましょう」と伝え，「少しずつ，意識を現実の方に戻していって下さい」「少し体を動かしたり，揺すったり，手の指を開いたり閉じたりしてから，ゆっくり目を開けて下さい」などの教示を行う。意識をあまり急速に現実世界に戻していくと，頭痛やしびれなどが残る場合があるため，やや時間をかけてゆっくり行うことを心掛けるのがよい。

（H）セッション終了後の対話

セッションの終了後，セッションで起こったことを両者で振り返ったり，感想などを述べ合うことが大切である。セッション中は，フォーカサーはややトランスに近い状態になっているため，そこで感じたことを終了後に話し合うことは，セッション中の体験を現実的日常的な意識で振り返って消化していく作業となる。セッション中の体験と現実的日常的意識との間に橋を架け，つないでいくようなつもりで，対話を行うのである。

4. 留意点

1. フォーカサーとしての留意点

フォーカサーは内面に触れていくために，閉眼してセッションを行うことが多いが，必ずしも閉眼が不可欠というわけではない。開眼して行ってもよい。開眼してセッションを行いながら，からだの感じに触れるために必要になったときに，折々閉眼するフォーカサーもある。あるいは，閉眼すると問題からの体験的距離が近くなりすぎるため，開眼のままの方が進めやすいというフォーカサーもある。フォーカサーは自分に合ったやり方を見つけていくのがよい。

セッション中に，数分程度の長い沈黙が生じるフォーカサーもある。体験を進めていくリズムやスピードは，フォーカサーによってまちまちである。フォーカサーが自分のペースで進めていくことが大切なので，沈黙がちにな

ってもよい。「沈黙していると，リスナーに悪いのではないか」「リスナーを困らせないだろうか」など，リスナーを気づかい，気にするような状態になると，フォーカシングはうまくいかない。むしろ，フォーカサーの側から「もうちょっと待ってほしい」「ゆっくりやりたい」などの要望を出した方がよい。逆に「早めにいろいろと尋ねてほしい」「もう少し早く進めていってほしい」というような要望もありうる。

　セッション中に，テーマと関連した具体的な出来事や事柄について，フォーカサーから語りたくなる場合がある。そのときは，それらを語ってもよい。リスナーの側からそれらを尋ねることはあまりないが，フォーカサーが語りたくなったときは，体験の流れであるので，それを抑える必要はない。ただし，具体的な事柄について語ったうえで，再度，自身が感じているフェルトセンスに注意を向け，吟味する作業に戻る必要がある。

　セッションの途中で，フェルトセンスを感じるなかで，イメージが浮かんでくることもある。イメージはフェルトセンスを置いておいたり，あるいは吟味していくうえで有益な手掛かりになる。ただし，イメージが次々に展開して流れていくような状態になると，フォーカシングはうまくいかなくなる。フォーカシングはフェルトセンスに留まり，それを吟味する作業である。フォーカシングでは，イメージはフェルトセンスを捉え，取り扱うための手掛かりのひとつとして扱うのがよい。

2. リスナーとしての留意点

　まずもっとも大事なことは，守秘の意識である。セラピスト・フォーカシングでは，具体的な事例が扱われることが多い。そのため，事例の内容についての秘密を守ることが不可欠となる。この点に関しては，スーパーバイザーと同様の意識が必要である。

　セッションを進めていくうえでは，フォーカサーの語ることを，リスナーも自身の内側で，フェルトセンスとして感じながら聴くことが重要である。フォーカサーと波長を合わせて，フォーカサーと同じように"からだの感

じ"の水準で追体験しながら感じ取るような姿勢である。

　また，前述したように，体験を進めていくリズムやスピードはフォーカサーによって異なるため，フォーカサーのペースに合わせて，流れに沿うつもりで聴くことも大切である。フォーカサーのペースがわからずに迷うような場合は，セッションの早い段階で，リスナーの側から「どれくらいのペースで進んでいくのがいいだろうか」と尋ねてみるとよい。

　リスナーは傾聴する存在であるが，それに加えて，セッションの進行について教示を行うガイドでもある。しかしガイディングを行うさいも，フォーカサーとやりとりをしながら行う方がよい。例えば，リスナーからの「〜してみましょうか」という教示に対して，フォーカサーが「もうちょっと感じていたい」と言う場合には，「ではそうしましょう」と応じ，その後しばらく沈黙が続いたときには「どんな感じですか？」と尋ねる，というようなやりとりである。別の例を挙げれば，フォーカサーが「これはちょっと重い感じの気分です」というときには，リスナーは「どうするのがいいですか？　少し離れて感じてみますか？」と応じ，それに対してフォーカサーが「そうしてみます」と答えた場合に，リスナーは「じゃあ，少しそれから遠ざかってみましょうか」と教示をする，というようなやりとりを行うのがよい。一方的に教示をするのではなく，フォーカサーとやりとりをしながら一緒にセッションを進めていくような姿勢が，リスナーには求められるのである。

　次章からは，セラピスト・フォーカシングのさまざまな実践例を示していく。フォーカサーの体験の流れ，リスナーの体験の流れを，自分の体感を通じて感じ取りながら，それらを読んでいっていただきたい。そうすることで，この方法の実際を追体験することができるだろう。

第4章 ステップ1のみを行ったセッション2例

1. ステップ1「全体を確かめる」のみの実施

　本章ではまず，ステップ1「全体を確かめる」のみを実施したセッションを2例紹介したい。第3章に述べたように，このステップ1は，それだけで独立したセッションとして実施することが可能である。そして，このステップを丁寧に行うことにより，セラピストは自分が感じていることを改めて整理できるし，時には新たな発見が起きる場合もある。

　前にも述べたように，セラピスト・フォーカシングをはじめて経験するセラピストにとっては，ステップ1のみを行うやり方は，本方法に慣れ親しんでいくのに適していると思われる。また，ステップ2以降と較べると，このステップは手順が明瞭であり，定式化されている。したがって，ガイディングの仕方も「流れを捉えながら，臨機応変に」という面が少ない。このため，リスナーの役割もとりやすいと考えられる。

　身近にいるセラピスト同士でペアを作り，フォーカサーとリスナーの役割をお互いに交代して行いながら，この方法を経験してみる場合にも，ステップ1のみを実施するやり方は行いやすいと思われる。

　以下に述べる2例のうち，1例目は，ある職場でさまざまなクライエントを担当するなかで感じている気持ちについて，セラピスト・フォーカシングを行ったものである。2例目は，あるタイプのクライエントに対して感じる難しさについて本方法を実施したものである。

　この2例は，実施した年度は異なるが，いずれもセラピスト・フォーカシングのワークショップにおいてデモンストレーションとして行われたものであり，筆者がリスナーの役割を務めた。どちらも十数名のオブザーバーが同

席していた。デモンストレーションであったため，30分程度という時間の制約もあって，いずれも当初から，ステップ1のみを行う約束で行われたセッションである。

2．Aさんとのセッション

1．フォーカサーの概要

フォーカサーのAさんは，児童福祉施設に勤務する20代の女性セラピストである。これまでにフォーカシングの体験はないが，セラピスト・フォーカシングに関心をもち，ワークショップに参加した方である。

2．セッションの経過

Aさんはセッション中，ずっと閉眼していた。以下の記録は，セッション中のメモをもとに作成したものであり，逐語的な記録ではない。セッションの流れのあらすじを追うつもりで，見ていただきたい。Aさんと筆者の発言を記載するが，やりとりについての補足が必要なところは，[　]で示している。

筆　者：ある事例のなかで感じていることについてでもいいし，いろんな事例を担当するなかで感じていることについてでもいいですが，どうするのがいいですか？
Aさん：心理士として自分が仕事のなかで感じていることの全体についてフォーカシングをしたい。
筆　者：OK。内側に注意を向ける準備をして下さい。よさそうなら片手を挙げて教えて。
　[Aさんは手を挙げる]
筆　者：まず今の感じを確かめましょうか。今ここに座って，どんな感じか。
Aさん：腰が浮いているというか。落ち着きたいけど，落ち着けない。

筆　者：［その感じを］言葉にすると？
Ａさん：うまくできるだろうか，みたいな。でも，［話しているうちに］さっきより力が抜けた感じがします。
筆　者：心理士としての自分の感じに進めそう？
Ａさん：たぶん大丈夫。
筆　者：じゃあ，ふだん自分が心理士としてどんな感じで仕事をしているか，いろんな感じがあると思うけど，それをひとつずつ言葉にして確かめてみたらと思います。心理士として自分が感じていることの全体をぐるーっと眺めるようなつもりになってみて，何かひとつ浮かんできたら教えて下さい。
Ａさん：何か，いろんなことを，日頃のことを思い浮かべていると，重たい感じがしてきます。
筆　者：何か特定のことで重い？　それともふだんの仕事をしながら重い感じなのかな？
Ａさん：何か全般的というか，重い。形も何か重い感じの。石じゃないけど，一見石のような。
筆　者：色とか形とか大きさとかで表したら？
Ａさん：石だけど，角ばってなくて，川を流れてきて角がとれて丸くなっている。でもザラザラ。色は灰色に近い。自分の横幅より大きい。
筆　者：そういう重たさ。それを１つ目として置いておいていいかな？
Ａさん：はい。
筆　者：それを１つ目として置いておいて，もう一度全体に戻ってみましょうか。
Ａさん：はい。［沈黙して，他にどんな感じがあるかを吟味］
Ａさん：あるんですけど，形として見えないので，これと言えない。
筆　者：当面，形でなくていいので，何か言えるような表現で言うと？
Ａさん：はじけるみたいな。それを思うと嬉しいというか，良かったというか。何かうきうきするわけではないけど，さっきと全然違う。

筆　者：はじけるような感じがあって，それを思い浮かべると，良かったという。

Ａさん：嬉しいと楽しいの間（笑）。「嬉しい」でもなくて，「良かった」の一言で終わるものでもなくて，「あー，そっか，そっか」みたいな感じですかね。

筆　者：「あー，そっか」が今の感じに合うみたいな，ね。

Ａさん：うん。

筆　者：僕の理解のために教えてほしいのだけど，はじけるというのは？

Ａさん：広がったみたいな。［マンガで］ギザギザの吹き出しが広がった瞬間みたいな。

筆　者：なるほど。じゃあこれ，2つ目ということでいいですかね。

Ａさん：はい。

筆　者：もう一度，全体に戻って確かめてみて。

Ａさん：［しばらく沈黙後］何もないわけではなさそうだけど，何か特に「これだ」というのはなくて，特に何もないような。

筆　者：何もないわけじゃないけど，特に取り上げたいのはないような？

Ａさん：いや，これも大事にしたい。何もないけど。何か表現できるものはないけど。

筆　者：あー，これも3つ目として大事にしたい感じがあるんだね。

Ａさん：うん。

筆　者：じゃあ，言葉やイメージではないにしても，何か確認できるようにしておいた方がいいように感じるんだけど。どんな感じで確認しておくといいのかな？

Ａさん：……［沈黙］

筆　者：あんまり［Ａさんの感覚とは］合わないかもしれないけど，からだの感じとか，何かの言葉をラベルのように貼っておくとか。

Ａさん：んー，形がないわけじゃないけど，でも線的なものでしかない。でも，色で言うと，薄い黄色。それがぴったりくるような感じ。

これは何もないわけじゃなくて，何か意味がある感じがします。言葉にしたら，何か違いそう。

筆　者：じゃあこれを 3 つ目として取り扱うのがいいね。

A さん：はい。

筆　者：メモを見ながら［読み上げて］振り返ってみるので，あなたも振り返ってね。

A さん：はい。

筆　者：1 つ目は，重い感じ。石みたいにザラザラで灰色。けっこう大きくて肩幅より大きい。2 つ目は，最初ははじけると言っていた。嬉しいと楽しいの間くらいで，「あ，そうか」と。3 つ目は今ので，形ははっきりしないけど，薄い黄色。今，この 3 つを確認したけど，どうしましょうかね。この 3 つでよさそう？　それともまだありそう？

A さん：この 3 つでよさそう。

筆　者：じゃあ，今はデモンストレーションでやっているので，これくらいにしておこうかと思います。終わりにしていくのに，容れ物に入れるとか，納めるような作業があった方がいいだろうか。それともこのままがいい？　僕は納める作業がある方がいいように思うのだけど。

A さん：左から順に 1 つ目，2 つ目，3 つ目とある。囲まれているのは辛い感じがするので，出てきた順に納めておきたいような。出てきたところに納める。でも 1 つ目は重いので真ん中にして，3 つ目，1 つ目，2 つ目の順にする。

筆　者：じゃあ，そんなふうにやってみて。

A さん：……［しばらく沈黙して内的作業を行う］

筆　者：やってみてどう？

A さん：掃除機みたいなのですーっと納めて，最後に玉みたいなのが。入っていった先に玉みたいなのがあるみたい。それはそれで邪魔に

はならないみたい。
筆　者：じゃあ，納めたところで，このセッションを終了しましょう。
Ａさん：はい。

《終了後の対話でのＡさんの感想》
「2つ目に出てきたものは意外だった。1つ目を横に置いておいて，というときに見えたもので，見えたときに『良かった』と発見した。1つ目で圧倒されていたので，セッションきついな，と思った。出てきたらどんどん膨らんでしまって，目を開けて終わりにしようかと思ったくらい。でもそれを置いてみたら，次に［2つ目が］ぱっと見えて，良かったなと。3つ目は本当によくわからない。でも何かある。混じり合ったものをひとつにまとめたのかなと思う」。

《1カ月後の感想》
仕事が重く感じられるときも，2つ目を思い出して，自分にはその感じもあるんだと思って仕事をしているとのこと。

《1年後の感想》
実施から1年後に，このセッションでＡさんが取り上げたのはどのような内容についてであったのか，Ａさんに解説を求めた。以下にＡさんが書いてくれた文章を記載する。

「1つ目の気持ちについてなのですが，この感覚はとてもきつくて辛いものだったと覚えています。この気持ちは，おそらく自分がセラピストとして全体的に（すべてのケースについて）できていないと感じている不安や自信のなさだったと思います。セラピストとしての仕事を始めて6年目で，自分の限界も見えてきていて，スランプに陥っていたので，すべてのケースに対して『自分はうまくできていない』と感じていました。だから，重くてザラザラしているけど，角張っていなくて少し丸みはもっていたのかもしれません。

2つ目の感覚は，はっきりと今でも覚えていますし，このことだったとは

っきりと覚えています。重たいそのはじめの感覚を横に置いたとたんに，ぱっと目の前がはじける感じで，何か嬉しいような感覚が体に広がっていくような感じでした。それは私がもっていたあるケースが関係していると思うのです。フォーカシングでは，はじけたときにそのケースの顔がぱっと，ほんの一瞬浮かんだのです。そしてそのときはじめて，少しはやれているケースもあるんだと気づきました。それがこの『気持ち』だったのだと思います。

　1つ目の重たい感覚が邪魔して見えなかったものが，それを脇に置いたことで，ぱっと見えたという感じでしょうか。後の理解としては，『自分は（全部のケースが）だめだ』と思い込んでいたが，その気持ちをとりあえず脇に置いたことで，邪魔されて見えていなかった，うまくやれている部分（ケース）が見えてきたのではないかと思いました。

　とても不思議な話なのですが，フォーカシングをするまでは，そのケースのことなど全く頭になかったのです。と言うより，はじめに全体を感じてフォーカシングをしていたので，ひとつひとつのケースを思い浮かべながら感じていたわけではありません。だから，置いたとたんに，限定してそのひとつのケースの顔が出てきたときはとてもびっくりしました。そして普段はそのケースがうまくいっているとも気づいていなかったので（たぶん無意識では気づいていたのだと思いますが），思い出したときに嬉しい感じが出てきたので，このケースを自分はうまくいっているケースと感じているんだと気づいた感じでした。

　3つ目は覚えているのですが，いまだによくわかりません。感覚としては，セッションで言ったとおりです。薄い黄色で形をもたない，でも自分にとって大切な意味のあるものの感じでした。もしかすると，1つ目の『全くだめ』という感情でもない，でも2つ目のイメージの『うまくいっている』という感情でもない，第三の感情のイメージのようにも思いますし，『だめ』『いい』というような評価の感情とは違うベクトルのイメージのようにも感じます。いずれにしても今後，私が自分で探していかないといけないもののように思います」。

3. このセッションから見た本方法の特徴

　Aさんとのセッションから，読者の方はどのような印象を受けるだろうか。セラピスト・フォーカシングという方法の雰囲気を，少し感じ取っていただけただろうか。以下に，Aさんとのセッションを素材にして，この方法の特徴を述べることにしよう。

　(1) フォーカサーの"感じ"が手掛かり
　この方法では，フォーカサーの"感じ"を手掛かりにして，セッションが進んでいく。その"感じ"がどのような内容についてのことなのか，あまりやりとりされないまま進んでいくことも多い。このセッションで，リスナー（筆者）は具体的な内容や事柄はよく知らないまま，フォーカサーの"感じ"に焦点を合わせてやりとりしていった。それがどんな内容のことであったのか，筆者は1年後の感想を書いてもらってはじめて知ったのである。このように，フォーカサーの内面のエクスペリエンシングに注意を向けることによって，プロセスが進んでいくと言うことができる。

　このような場合，セッション後の対話において，どんな内容についてフォーカシングを行ったのか，やりとりされることがある。フォーカシングを行った後に，具体的な内容や事柄が語られるのである。ペアで実施する場合には，そのようにするとよいだろう（このセッションの場合はデモンストレーションであり，多くのオブザーバーがいたこともあって，セッション直後には具体的な内容についてのやりとりは行われなかった）。

　ただし，特定の事例についてセッションを行う場合には，始める前にその内容を簡単に聞いていた方が，リスナーは傾聴しやすいし，ガイディングも行いやすいように思われる。筆者はリスナーを務めるさいに，その事例についてセラピスト・フォーカシングをしてみたいと希望するのはどんな気持ちからなのか，どんなクライエントなのか，どれくらいの期間面接を続けているのか，継続中の事例なのか終結事例なのか，セラピストとしてどんな気持

ちを抱きながらセラピーを行っているのか，などを簡単に尋ねるようにしている。

(2) ひとつずつ"気持ち"を確かめることでプロセスが進展する
　このステップは，自分のなかに感じられる複数の気持ちを順に取り上げ，選んだテーマについての自分の気持ちの全体像を確かめることを目標にしている。しかし，これら複数の気持ちは，「この気持ちもあれば，それとは別にこんな気持ちもある」というように並列的に浮かぶこともあるが，「1つ目を感じて置くことで，新たに次の2つ目が感じられてくる」というように進んでいくこともある。つまり，気持ちを順に取り上げていくことが，単にそれらを確かめるだけでなく，その作業によって体験のプロセスが進展していくことにつながる場合があるのである。
　Aさんとのセッションでは，1つ目として浮かんだ「重たい感じ」の質感（それは，「出てきたらどんどん膨らんでしまって，目を開けて終わりにしようかと思ったくらい」きついものであった）を感じた後にそれを置き，再度全体に戻ってそれとは別の気持ちを探してみたところ，「はじけるみたいな。嬉しいと楽しいの間」というような感覚が2つ目として感じられている。後の感想に述べられているように，「重たいそのはじめの感覚を横に置いたとたんに，ぱっと目の前がはじける感じで，何か嬉しいような感覚が体に広がっていくような感じ」になったのである。Aさんはそのことを，「その気持ちをとりあえず脇に置いたことで，邪魔されて見えていなかった，うまくやれている部分（ケース）が見えてきたのではないか」と述べている。そして3つ目としては，自分でもよくわからないけれども「自分にとって大切な意味のあるもの」と感じられる感覚を見つけている。
　Aさんは，特に2つ目の気持ちが浮かんだことについて，「びっくり」と表現しているように，新鮮な発見として感じている。このように，ふだんから感じている"感じ"を確かめ，置く作業を行うことで，それとは質的に異なるものが発見されることがある。ある気持ちが体験の前面を大きく占め

ていると，Aさんも語っているように，それに邪魔をされて他の気持ちは自分に見えにくくなる。前面を占めていた気持ちを脇に置くことにより，それに覆われて見えなくなっていた他の気持ちが見えやすくなってくるのである。以上からわかるように，自分のなかに感じているものを"置く"作業は，心の体験として大変重要な意味をもつ。この点については，次のB氏とのセッションを素材にして論じていきたい。

3. B氏とのセッション

1. フォーカサーの概要

B氏は，精神保健施設に勤める40代の男性セラピストである。これまで主に催眠やブリーフセラピー，交流分析などを用いたセラピーを行ってきたベテランの方であるが，フォーカシングの経験はない。セラピスト・フォーカシングに関心をもち，ワークショップに参加した。今回がはじめてのフォーカシング体験であった。

2. セッションの経過

以下の記録も，Aさんとのものと同様，セッション中のメモをもとに後で作成したものである。細かなやりとりは残されていないので，セッションのあらすじを記録したものとして見ていただきたい。

筆　者：今から，どういうことについて［セッションを］やりたいですか？
B　氏：クライエントのなかで苦手な人がいて，指示的，支配的な人がいて，そのときにとても疲れる。
筆　者：では，そのテーマについてやってみようと思いますが，その時にどうしたらいいというところまでできるか分からないが，Bさんが整理できればと思います。それでいいですか？
B　氏：はい。

筆　者：特定のケースについて感じていくのがいいか，それともそれ以外のやり方がいいですか？
Ｂ　氏：特定のケースではない方がいいように思います。
筆　者：そういう場面について，ということでやります？
Ｂ　氏：はい。
筆　者：では，そうしましょう。自分の内側に注意を向けて，準備ができたら教えて下さい。
Ｂ　氏：はい。[準備ができた合図]
筆　者：では，その場面を思い浮かべて下さい。どういう感じですかね？
Ｂ　氏：たじろいでいる。苦しい感じ。相手が正面を向いて「話を聞け」と言っているような。
筆　者：そういう場面で自分がどういうことを感じているか，全体を振り返ってみて，そのなかに含まれたニュアンスを確認してみましょう。その全体をゆっくりと確認して，眺めながら。
Ｂ　氏：重苦しい感じがします。
筆　者：その重苦しさを，からだの感じや，イメージでもいいですが，どんな重苦しさか感じてみて下さい。
Ｂ　氏：首のつけ根から胸にかけて，つかまれているような，固まっているような。首のつけ根から胸にかけて，筒みたいな。首の方が入り口で，胸が出口。棒みたいな，ハムの固まりみたいな。
筆　者：なるほど，ハムの固まりみたいな。今，苦しい感じ？
Ｂ　氏：はい。重い感じ。
筆　者：そうしたら，それを1つ目として，自分のなかで，何かのかたちで納めておくといいかと思うのですが。離しておいたり，何かに入れたり。
Ｂ　氏：自分の目に見えるところに取り出して，粘土のように棒で平らにならす。薄く平たくならす。
筆　者：イメージでいいですが，今そうすることはできますか？

B 氏：はい。
筆 者：じゃあ，そうしてみて。
B 氏：……［しばらく沈黙して内的作業］
筆 者：それをどこに置くか，決める方が有効だと思う。どうするといいですかね？
B 氏：壁に掛けるような感じ。
筆 者：どこの壁に掛けますか？
B 氏：こっち側［右側］が良さそう。
筆 者：ゆっくりでいいので，どういうふうにするのがいいか，やってみて下さい。
B 氏：壁があって，布みたいな感じで。のれんみたいな感じで掛けておく。
筆 者：右手の方に，壁にのれんのように掛かっている？
B 氏：そうです。
筆 者：今，そういう感じで遠目に見て，気分は？
B 氏：まあ，落ち着いている。
筆 者：1つ目が仮に置けたということにして，次に行ってもいいですか？
B 氏：はい。
筆 者：他には，どんな気持ちがありそうですか？
B 氏：逃げ出したい。
筆 者：それは，感覚的に言うと，どういう感じ？
B 氏：「言い逃れしたい」とか，「そんなこと言わないでほしい」とか。
筆 者：今感じているものを，からだの感じとして感じるとしたら，どんな感じでしょう？
B 氏：少し左の方で，雲みたいな，ザラザラした，煤か煙か。
筆 者：その感覚が大事だと思います。そのザラザラしたものは，どんな性質のもの？
B 氏：どんよりして，こっち［右］の視界は開けているけど，こっち［左］の視界は悪い。暗い。顔の左前あたりが暗い感じ。

筆　者：これも納まりがつくといいと思うのですが，どういう工夫ができそうですかね？
Ｂ　氏：右の方に，吸い込んでもらう。
筆　者：ちょっと，そうしてみて下さい。
Ｂ　氏：[長い沈黙の後] さっきの，のれんみたいなのがあって，そこに入り口があって，そこにどんどん吸い込まれていった。かなり遠くに。視界はだいぶ良くなった。
筆　者：入り口の場所というのは？
Ｂ　氏：このあたりです [自分の前のあたり]。さっきより遠くなった感じ。
筆　者：なるほど。では，それが２つ目ということで。もう一度全体に戻ってもらって，他にも確認した方がいいような気持ちがあるかどうか，確かめて下さい。
Ｂ　氏：「仕方がないか」みたいな気分というか，「これはこれで置いておこう」みたいな感じがある。それが浮かぶと，バランスをとりやすくなるような。
筆　者：今の気分や感覚は？
Ｂ　氏：疲れたなという感じと，スッとした感じとが，混じっている。
筆　者：では，それを３つ目として確かめて，納めておきましょうか。
Ｂ　氏：はい。
筆　者：これも，置き場所を考えた方がいいですかね。
Ｂ　氏：何かこの辺 [頭のあたり] に，べたーっと貼りついている。
筆　者：どうしましょうか。
Ｂ　氏：インディアンが頭の皮を剥がす，という話がある。あんなふうに，下から上にベロンと剥がして，それを平らにのばして，のれんの上に掛けておく。そうすると，だいぶ軽くなる。
筆　者：そうすると，軽くなった？
Ｂ　氏：そうですね。
筆　者：これまでやったことを振り返りましょう。１つ目は，重苦しい感じ。

　　　　ハムの固まり。それを平らにならして，右手の方に掛けておいて。
　　　　２つ目は，左側の視界が暗くなる感じ。それは，入り口があって，
　　　　そこに吸い込んで。そして３つ目は，「これはこれで置いておこう」
　　　　みたいな感じ。それはベロンと剥がして，のれんの上に掛けてお
　　　　いて。その３つが落ち着くかたちになっているか，確かめてみ
　　　　て下さい。
Ｂ　　氏：けっこう落ち着いている感じです。
筆　　者：その３つを仮に置いたということで，自分の方の気分はどうで
　　　　すか？
Ｂ　　氏：かなり視界が開けた感じがします。すーっとした感じ。呼吸がで
　　　　きる感じですね。かなり背筋が伸びています。
筆　　者：そろそろ終わりの方向に行こうと思いますが，終わってもいいか，
　　　　自分に確かめてみて下さい。
Ｂ　　氏：ちょっとだけ，深呼吸すればいいと思います。
筆　　者：ちょっとやってみて。
Ｂ　　氏：[体を動かして，深呼吸]
筆　　者：いいですか？　そうしたら，体を動かしたりしながら，少しずつ
　　　　意識を現実の方に戻して下さい。

《終了後のＢ氏の感想と対話》
　以下の記述中，Ｂ氏の発言は「　」，リスナーおよびオブザーバーからの
質問は〈　〉で記載している。
　「不思議な体験だった。イメージってこんなふうに浮かんでくるんだなと
か，勝手に出てきてこうなるんだなって。軽い催眠のような，でも催眠とは
違って，余裕があって，ゆっくりやっていける。催眠はトランスのなかでイ
メージがうごめいている感じ，どこかに連れていかれる感じだけれど，今回
は落ち着いていく感じ。はじめはリアルに見えていたのが，ひとつの風景に
変わるような」。

〈不思議とは？〉「首からの苦しい感じ［1つ目］はどうにもできないと思ったが，取り出すというのは，やってみるととても新鮮だった。ふだんは，ほぐすくらいしかなかった」〈1つ目のハムみたいなものを置くと，どうなった？〉「ズボズボとゆっくり，自然に滲み出てくる感じだった。そうなるのが自然な感じだった」〈ひとつずつ整理して全体に戻ると，感じは変わる？〉「自由度が広がっているような。3つ目のものは，1つ目と2つ目を除（の）かしたら出てきた感じ」。

《3カ月後の感想》

このセッションから3カ月ほど過ぎた時期に，B氏にも感想を書いてもらった。それを以下に記載する。

「このセッションのあと，自分の臨床のスタイルに確実に変化がきているのを感じます。やはりそれは，『置いておく』感覚であったり，『じっくりと時間をかけて味わう』感覚が，何となく自分の面接のひとつの要素として，生きてきている感じではないかと思います。私自身がやってきた催眠やブリーフセラピーでは，クライエントとのやりとりの調子がいまひとつだと，どうしても物事を前に進めてしまおう，変化を求めていこうという力動が出てきて，それで苦しくなることもしばしばありました。最近では，逆に距離を置いてじっくりと眺めていくことで，必要かつ十分な変化が自然に現れてきたり，思ってもみなかったような展開が現れたりということも，しばしば経験されます。これまでもそのような，『ひょうたんからこま』のような現象はときどき経験されていたのですが，よりそのようなプロセスへの信頼が高まったような感覚をもっています。

やはりセラピスト・フォーカシングからいただいたいちばん大きなものは，この『落ち着き』であって，これは述べてきたように面接のスタイルに影響するだけではなく，セラピストのメインテナンスにとっても，重要な要素になると考えられます。私自身，面接に関してのストレスはずいぶんと軽減したように感じていますし，コンディショニングがとても楽になったと実感しています。定期的なメインテナンスとして，すごく大事なプロセスを教わっ

た気がしています。ありがとうございました」。

3. このセッションから見た本方法の特徴
(1) 置く作業の大切さ

前節で述べたAさんとのセッションでは，置く作業は，リスナーから〈それを置いておいていいかな？〉と提案するかたちで，比較的シンプルに行われた。しかしセラピストの状況や扱われるテーマによっては，この作業を時間をかけて丁寧に行う方が適切なこともある。例えば，辛い気持ちなどをなかなか置きにくい場合には，フォーカサーとリスナーとが共同して置き方をいろいろと工夫する必要が生じることがある。あるいは，リスナーが傾聴しながら，これは置く作業を丁寧に行った方がよいと感じる場合もある。B氏とのセッションは，その後者の例である。

B氏とのセッションでは，取り上げたテーマが"苦手なクライエントと接するときの気持ち"に関するものであり，扱うことが難しい気持ちであることが想像されたため，筆者（リスナー）は置く作業を丁寧に行うことを心掛けた。

B氏が1つ目に思い浮かべた「首のつけ根から胸にかけて，つかまれているような，固まっているような」感覚は「ハムの固まり」のように感じられていたが，リスナーはそれについて〈何かのかたちで納めておくといいが。離しておいたり，何かに入れておいたり〉と言葉をかけて，置くことを提案した。するとB氏は「目に見えるところに取り出して，棒で平らにならす」というやり方を思いついて実行した。次に，それをどこに置くか吟味すると「壁に掛ける」ことになったため，そのための適当な位置を確かめていった。その結果，右手の方に「のれんのように掛けておく」というイメージが定着した。その時点でリスナーが〈そういう感じで遠目に見て，気分は？〉と尋ねると，B氏は「まあ，落ち着いている」と答えている。

このように，置く作業を細かく丁寧に行っていく場合には，対話をしながら，何をどこに，どんなふうに置いておくかを具体的にしていくことが有効

である。そのことで，その位置づけが定まると，それに伴って気持ちも落ち着いてくる。一応の区切りをつけて，そこから心理的に離れることが可能になるのである。このようにして，適度な体験的距離が生じると言うことができる。B氏がセッション後の感想で，「はじめはリアルに見えていたのが，ひとつの風景に変わるような」と述べているのは，このような変化を言葉にしたものであろう。

B氏は3カ月後の感想で，このセッションの体験がその後のセラピーにも生かされていることを語っている。クライエントの体験に早急に変化を起こそうとするのではなく，「逆に距離を置いてじっくりと眺めていくことで，必要かつ十分な変化が自然に現れてきたり，思ってもみなかったような展開が現れたり」というような方向性である。これは，増井（1994）が"「間」の活用"と表現して論じ，また徳田（2009）が"収納イメージ法"と呼んで展開している心理療法の方向につながるものである。

そのことと同時に，B氏は「セラピストのメインテナンス」についても触れている。筆者はセラピスト・フォーカシングの意義として，まずこのことを大切にしたい。セラピストが折に触れて自身の体験を振り返り，味わい，整理する作業である。置く作業によって，セラピストが自身の内面に感じられているさまざまな感情をひとつずつ確かめ，適度な体験的距離を作っていくことは，セラピストの内側の心のスペースを回復させ，心理療法に必要な心の状態を取り戻すための一助になると考えられるのである。

（2）置く作業にイメージ体験が果たす役割

B氏のセッションでは，置く作業を行ううえで，イメージ体験が大きな役割を果たしている。1つ目の胸のあたりに感じられる「ハムの固まり」は薄く平たくならされて，のれんのように壁に掛かり，2つ目の「顔の左前あたりが暗い」感じは右の方に吸い込まれ，3つ目は「ベロンと剥がして」のばし，のれんの上に掛けられることになった。このように，エクスペリエンシングに触れるなかで自然に生じたイメージが，その後の置く作業を進めるうえで

の媒体となったのである。

　フォーカシングの過程においてイメージ体験が自然に発生し，それに導かれるようにしてプロセスが進むことは，とても多い。イメージ体験は，フォーカシングにおいてきわめてポピュラー，かつ有益な手段と言うことができる。イメージが浮かびにくい人もいるが，その場合もそれほど支障にはならない。視覚的なイメージは浮かばなくても，「仮に」「空想として」想像することができれば，視覚的に見えているのと同じように扱うことが可能だからである。

　フォーカシングにおけるイメージ体験に特徴的なのは，"からだの感じ"がその基盤に存在することである。視覚的なイメージは，体感とは関係なしに思い浮かべることもできるものであるが，フォーカシングにおいてはまず"からだの感じ"が感じられており，それを基盤にして発生してきたイメージを扱っていく。そして，体感から離れて独り歩きしないように，常に"からだの感じ"とつながったかたちで，イメージを利用する。"からだの感じ"を感じ，それとつながっていることを確認しながら，イメージ体験を扱っていくのである。

　B氏に浮かんだイメージも，そのようなものである。体感として感じられる具体的な感覚があり，それに触れるなかでイメージが発生している。そしてそれを「どのようなかたちで納めるか」と工夫することによって，置く作業が行われたのである。

第5章 個別事例の吟味その1：ある若手とのセッションの例

　前章では，ステップ1のみを行ったセッションを2例，紹介した。ステップ1では，セラピストがある事例やあるテーマについて感じていることの全体を確かめ，区分けしていくとともに，それらから体験的な距離を置いていく作業が中心であった。

　しかしセラピスト・フォーカシングでは，そこから進んでさらに体験を深める道筋に入っていくこともできる。ステップ2では，ステップ1で確かめられた複数の感じをもとに，そのなかのどのあたりに焦点を当てていくかという方向を定める作業，そしてステップ3では，焦点を当てようと定めた感じについてのフェルトセンスを確かめ，それを吟味していく作業が行われる。本章と次章では，個別の事例についてステップ1からステップ3までの全体を行ったセッションの例を紹介していきたい。

1. 若手セラピストが体験すること

　本章で紹介するのは，臨床経験を積み始めてまだ間もない，若手のセラピストと行ったセラピスト・フォーカシングのセッションの一例である。

　若手のセラピストは，心理療法やカウンセリングについて，実習などを含めた研修を積んで臨床現場に出るが，実際の臨床経験を積み始めると，たくさんの新たな課題に直面する。多くの若手セラピストは，第4章に紹介したAさんのように，セラピストとして自分がしっかりやれているのかどうか，不安を感じたり自信を失ったりする場面に直面するであろう。クライエントとのやりとりによって，揺さぶられる経験も生じるであろう。また職場への

適応，社会人としてのふるまいや責任のもち方など，職業人として新たに学ぶことも多いと考えられる。

そのようなさまざまな体験をしている若手セラピストにとって，自分がセラピストとして，また一人の個人として感じていることを，自分自身のために，ゆっくりと振り返って吟味する時間をもつことは，とても大切なことであると考えられる。

本章で取り上げる例は，セラピストがあるクライエントとの関わりにおいて感じている「怖さ」について，フォーカシングを行ったものである。このセッションで，セラピストのＣさんは自分の感じている「怖さ」を丁寧に感じていくことにより，クライエントはどのように感じているのか，クライエントと自分との間にはどのような関係が生じているのか，そして自分自身はどのような感情体験をしているのか，などについての理解を一歩深めることができたのではないかと考えられる。

セッションの様子を具体的に知ってもらうために，このセッションの後半部分は，録音された素材を逐語記録にしたものを記載する。セラピスト・フォーカシングの生の雰囲気を知るための手掛かりにしていただきたい。

2．Ｃさんとのセッション

1．フォーカサーの概要

フォーカサーのＣさんは，総合病院に勤務する20代の女性セラピストである。このセッションを行ったのは，セラピストとしての仕事を始めてまだ間もない時期であった。彼女はそれまでに，フォーカシングの経験を10回程度もっていた。このセッションを行った当時，筆者は，セラピスト・フォーカシングの方法を考案して試行しており，希望者を募集する案内を複数の機会に出していた。Ｃさんから，それに応じて自発的に申し出があったため，個別面接の形式で，1回のみのセッションを実施したものである。セッションは，録画録音された。

Cさんがセラピスト・フォーカシングを希望したのは，ある男性クライエント（33回の面接を行い，当時継続中であった）との心理面接において，「クライエントと向き合うなかで，セラピストとして，自分自身に沸き起こる感じに違和感を覚えることが多く，それに向き合ってみたいと考えたため」であった。

2. セッションの経過
(1) ステップ1「全体を確かめる」
筆者はまず導入として，〈自分がそのケースを担当するうえで，どんなことを感じているか，そのクライエント個人についての気持ちでもいいし，そのケースを担当するうえで感じている気持ちでもいいので，その全体をゆっくり振り返ってみるつもりになって，どんな気持ちがあるか，いくつでもいいから確かめていって下さい〉と教示した。

Cさんは閉眼してしばらく沈黙した。そして1つ目として浮かんだのは，「このケースのことを考えると必ずすぐに感じられることですけど，左胸の上のへんに，硬い，何か詰まっているような感じがある」というものであった。それは「詰まっているような，押さえ込まれているような，どす黒い塊のような感じ」であることが確認された。それを置いた後，次に2つ目として浮かんだのは，「感じ取ろうとすると，バーンと跳ね返されるような感じが，後頭部から首の後ろに感じられる」というものであった。「常に何か中心に入れない，触れちゃいけないような感じがあったんですけど，それによく似ている気がします」と語り，「私が入りたくないっていうのもあるかもしれないです」と言う。

それを確認して置いたうえで，再度全体に戻って感じてみると，3つ目が浮かんだ。「そのクライエントに寄り添おうとすると何か怖いものを見てしまうような，ぞっとする感じがある。今，背中にゾゾッて感じた」と言う。「クライエントを拒否しているわけではなくて，クライエントがもっている感覚を感じることが怖い。ぞっとするような」と語る。

筆者がそれを3つ目として確認しておき，もう一度全体に戻って感じてみることを促すと，Cさんは「何となく順番に，クライエントの感じに，一歩ずつ安全なかたちで踏み込んでいる感覚がある」と語りながら，4つ目に移った。「今，イメージが広がったのが，すごい真っ暗闇のところにスーッとはまり込む，悲しみみたいなものが満ちているような。ああ，クライエントはこういう世界にずっと居るのかな，と感じました」と言う。「シーンとした，冷たーい感じ。そのなかで何かうごめくような気配があると，怖いかな」「真っ暗闇のなかで，自分の姿も見えないくらい暗い，漆黒の闇って感じ」と言う。

　ここで筆者は，それを4つ目として確認し，これまでに浮かんだことを〈振り返ってみよう〉と提案し，1つ目から順にポイントになることを言葉にして反復した。そして〈ちょっとずつ，近づいていっている感じもありそう？〉と聞くと，Cさんは「そうですね。最初の2つは私自身がクライエントに向き合うときに生じる何らかの気持ち。で，それを乗り越えたうえでクライエントに寄り添いながら感じられることが後半の2つかな。ただ，自分のなかに生じる抵抗みたいなもの（最初の2つ）をどうにかしたいのか，それともクライエントに寄り添うなかで感じているもの（後半の2つ）を見つめたいのか，すごく迷いが出ている」と語る。そこで筆者は，この時点で次のステップに進むより，再度全体に戻って他にも感じていることがあるかどうか確かめてみる方がよいのではないかと考え，それを提案した。Cさんもそれに同意した。

　Cさんはしばらく沈黙の後，「何か突然，後ろから肩をガッてつかまれてびっくりした感じが，肩のところに残っている感じ」と，両手でガッとつかむ仕草をしながら語る。「またされるんじゃないかっていう不安みたいなのがある。何か全部につながっている感じ」と言い，「実際にクライエントにされたことはないけど，そんな感じを味わわされてしまうんじゃないかっていう怖さ。実は私自身が気づいていないほど大きなショックをクライエントから受けていて，それが残っているのかな」と語る。〈今からショックを受けそうというだけではなくて？〉と聞くと，「はい。そのクライエントの

言葉を"ああそうですか"と聴きながら，実はそうですかと思ってなくて，ずっと引っかかっている何かがあるんじゃないか」と言う。そしてさらに，「クライエントが『何か背負っている気がして振り払いたい』って言ったのとよく似た感じなんだなあと思っているんですけど，払っても払ってもとれない，気持ち悪い感じもある」と語る。これは「肩をつかまれた一連の流れで残っている感覚」であると言う。そこでこれらを，5つ目のひとまとまりのものとして確認しておくことにした。

(2) ステップ2「方向を定める」

このステップ2の部分からは，逐語記録を掲載することにしたい。Cさんの発言と筆者の発言を記載するが，記載中の（　）は対話における相手方の短い発言，［　］はやりとりについての補足内容を示している。

筆　者：今までに5つ浮かんだじゃない。だいたいその5つぐらいでね，大まかのところは，そのケースのなかで感じていることを，どこかで拾っているんじゃないかという気がするんだけど。(中略)ここから先ね，もうちょっとゆっくり味わって感じてみるのにね，今挙がった5つのもののどれかひとつを選ぶのが適切なのかね，それとも何か別の方法もあるような気がするんだけど。どういう感じで進めようかな？

Cさん：何か，一番に出てきて常に感じていたのは，今までいろいろ感じてきたことの入り口。

筆　者：1つ目のもの？

Cさん：はい。入り口だったのかなっていう感じで，今いるんですよね。で，2つ目の"感じられない感じ"っていうのがあるんですけど，でもどこか，入り口が全くないわけじゃなくて，入れるところから入り込んだら漆黒の感じだとか，そのなかでうごめいている怖さだとか，つかまれた感じだとか，そういうのがあるのかな，と

いう気がしていて（ああ，なるほど）。で，漆黒の感じというのを感じるのはまだちょっと怖いな。それを味わうのは，ただ暗いだけだったらいいんですけど，うごめくものがありそうで，ちょっと怖いので，何かギュッて肩に，肩とか背中で感じているゾッとしているような，何か振り払いたいような感じを，そのクライエントさんとの面接に今後臨むうえでも，私自身の構えとしても，そのクライエントの理解のためにも，味わってみたいなという気が。うん。それが全部にも通じそうな気もするし。

筆　者：通じるかもしれんね。今，Cさんが言ったことをね，僕なりにまとめると，5つ浮かんだけれども，最初の1つ目2つ目あたりは入り口のあたりと言うか，何か入れないみたいな，入ろうとするとパッと感じるもので，だけどやっぱり，Cさんがそれだけじゃなくて，もうちょっと入り込んだところで感じているものもあって，それが3つ目，4つ目，5つ目と言うかな。ただ，［4つ目］真っ暗っていうのは，ちょっと自分でも（まだちょっと），まだちょっとという感じなわけだよね。で，［3つ目の］背中のゾーッとする感じとか，それから［5つ目］肩のあたりをつかまえられるような感じだったら，もうちょっと感じていけそうな感じなんだね（はい）。じゃあ，その感じを，もう一度自分のなかで感じてみて，どんな感じがするかなっていうのを，ちょっと確かめてみようか。

(3) ステップ3「フェルトセンスを吟味する」

Cさん：［沈黙60秒］肩のところをギュッて，いきなり，ガシッてつかまれるって，本当に動けなくなるんだなっていうのが，何か，今実感としてあるっていうか。そのガッてつかまれた感じがあると，つかまれてないのに動けない気がするんですよ。動きたいのに，本当は動けるのに，動けない。何か見えない力で動きを止め

られているような感じが，すごくありますね。何かゾッとするとか，すごい力みたいなものを感じてしまって。
筆　者：もう，ガッとつかまれたら。
Ｃさん：そのときの，動けなくなる，動こうとした瞬間につかまれて，動けなくなった，その瞬間の自分の怖さ。うーん。いきなりすくんだ感じ。うーん。身のすくむ感じというと，また少しニュアンスが違うんですけど。
筆　者：何かこう，怖さとか，身がすくむとか言うのでは，ちょっとぴったりこない（うん）。
Ｃさん：いきなり真空にヒュッと放り込まれて，動きが止まったような感じなのかな。何か上手に言えないんですけど。いきなり一時停止をさせられた感じ，周りは動いているのに一時停止をさせられた感じですかね。自分だけ，何か時間の流れがいきなり止まったような，その瞬間の怖さみたいなのを引きずっていて，もうつかまれてないのに，何か動けない。
筆　者：今はつかまれているわけでは（ないのに）ないのに，何かそのつかまれた瞬間の，本当にもう止まってしまうという，その感触が残っているわけだね。
Ｃさん：うん，うん。それで動けない。あ，でも何か，この感じっていうか，こういうことって，とってもケースに通じる。このケースのクライエントがもっている問題と言うか。ご両親との葛藤のなかでそのような感じをもっておられる。私が，クライエントの感じに呑み込まれてしまって，その感じを味わっているから，このクライエントに向き合うのがちょっと怖いのかな，という気がして。で，何かその，クライエントがもっている衝動みたいなので，クライエントが私をセラピストとして傷つけるんじゃないかということよりも，クライエント自身が全然状況が変わらずにいて，苦しい思いをしているんですけど，それがこんな感じなのかな。私

は入れないと思っていたんですけど,実は何か,入っていたからきつかったのかなっていうのが,今何か,ふと。

筆　者：今そうやって,ふと思い浮かんだものをね,ちょっと確かめてみてよ。その感じが割とぴったりしそうかどうかっていうことを。

Ｃさん：[沈黙20秒] うーん,そうですね。うーん。うん。そうか。何て言ったらいいんですかね。うん,何かそうだなっていう感じで。で,それが動けるようになったらどうなんだろうっていうのが,ちょっと怖い。セラピストとしての怖さ。漆黒を見れない。怖さっていうところは,その,動き出したらとか,動けずに長いこと留められていることで生じている悲しみみたいなのをちょっと感じている部分もあるから,セラピストとしての怖さっていうところにもその感じは通じるんですけど。でも,うん。肩のところにガッとやられている感覚,ずっと,もうないはずの力につかまえられているような,振り払いたいような感じ,背負っているような感じというのは,クライエントの感じている感覚だし,それを私自身は感じて,その苦しみみたいなのとか,そこでうごめくものとか,それを振り払おうとすると何か激しいことをしなきゃ振り払えそうにないような感じ,それによって何か大変なことをしでかしてしまいそうな怖さみたいなところとか,何かそういうもののすべてに通じるような。

筆　者：そうか(ですね)。こんなふうに理解していいかな。ほら,最初そのクライエントの人から何かされて,Ｃさんがそういうふうに感じてしまう怖さを感じていたんだけれど,実はそのクライエントが感じている感じ,それをＣさんも同じような感じで感じているところがあって,むしろ何か,そのクライエントから伝わってくるものを同じような感じであなたも感じているという,その方が近いの?

Ｃさん：そうですね。わかってしまうのが怖いというところもあるんじゃ

ないかなって感じもあるんですけど。(ほう，どういうこと？)これはもう，頭で考える，ときどき考えることなんですけど，クライエントのなかに自分を見たり，自分の身近な人を，友人とか恋人とか，家族だとか，そういう人を見た瞬間，自分や身近な人のなかにそういうクライエントを見た瞬間の，何か一歩間違えばという感覚を，何か，やっぱりちょっと怖いというか，危なっかしいという感じ。「ああ，こんな感じは私にもある」とか，「ああこんな感じ，何かクライエントのなかにもあった」，「クライエントの方はこれを問題としてやっているのに」とか思う，その瞬間の何とも言えない感じっていうのがあって。うん，それはそれで何とかやっているからいいさ，とは頭では思っていても，やっぱり気持ちがついていかないときが時々あるんですけど。その，このクライエントのなかにあるものを，自分のなかにも感じることがあって，で，それを感じて本当に行動にしてしまうと大問題になるようなことだと思って。

筆　者：今，そういうふうに言ってみて，どう？

Ｃさん：うーん。何か「そうか」という感じと「今後大丈夫かな」という感じが（笑），ちょっと，やっぱり出てくるけど。(中略)でも，私一人でいろいろ抱えているとやっぱり大変だよなあっていう感じが，何か，ちゃんと見えてきた感じはあります。

筆　者：大変さっていうのが，どう大変なのかというのは，ちょっと見えてきたような。

Ｃさん：うーん。何か，なんだろう。「わー，大変だ大変だ，何も見えないよ」という感じの大変さというよりも，「大変だよなー」っていうのが漂っている（笑）感じぐらいで，何かもうちょっと，静かというか，明るい。暗いなかに大変だ大変だというのが爆発しているというよりも，何か，大変だけど大変なりに，もうちょっと静かで明るい。見通しの立っているような大変さ。あ，そうで

すね，このクライエントさんとどうやって付き合っていこうかというよりも，私のなかに生じるこの感じとどうやって付き合っていこうかなっていう感じにちょっと変わってきたので，外の感覚とどう付き合うかというよりも，私のなかの感覚とどう付き合うかという感じなので，私というからだのなかに一応収まっていることだし，何かもうちょっと，拡散せずにまとまったかたちで折り合いがつけられそうな。大変だけどまあ，付き合っていこうか。何か，自分自身に対する信頼度というか，自分のことなら自分で。

筆　者：大変ではあるけれども。

Ｃさん：その「大変だなあ」って感じが，ギスギスした，何か怖いものじゃなくて，恐ろしいものじゃなくて，優しい，柔らかい，感触的にそんなに不快な感じじゃない「大変だなあ」。うん。うん。まだちょっとその肩の，ガッとつかまれた感じは残っているけど，まあ，それもありで，何かちょっとまとまってきた感じがありますね。［沈黙30秒］何か，漆黒の暗いところに自分が占領されてしまいそうな怖さみたいなものがあったんですけど，自分のそういう感じと結びつきそうで怖いなっていう感じだったところが，その柔らかい，抱えやすい「大変だなあ」っていうのが広がってくることで，暗闇に少し，何か私なりの「大変だなあ」っていう明るい光の部分で，何かうん，そうですね，包んでいくというか，照らしていっているような感じが今，あるので。何かうーん，悪くない感じですね（笑）。

筆　者：悪くない感じね。うーん，そうか。［沈黙10秒］何かね，僕なりに振り返るとね，こういう理解でいいのかな？　最初はクライエントから感じている自分の怖さを感じていたのが，実はクライエントが感じているものを，自分が共通した感じで［同じように］感じている，というふうになったんだけど，それがもう一歩進んだような感じが僕はしていてね。それはただクライエントか

ら同じものを感じさせられたというだけじゃなくて，Cさん自身のなかに何かやっぱりそういう部分があって，何かそれの扱いにくさって言うか，その怖さみたいなものなのかもしれないっていうふうに，感じていったような気がしているんだけど。そう思ってよさそう？（はい）うん（ですね）。で，そんなふうに思ったら，何か自分のなかのことだし，もう少しまとまって感じられそうというか（はい）。何か「優しく」って言ってたかな。

Cさん：うん。優しく柔らかい感じ。で，抱えられる。どうしよう，せっぱ詰まっているケースに何かされるんじゃないか，何かまた衝撃的なことを言ったりされたりするんじゃないかという感じの恐怖みたいなものをもって面接に臨むというよりも，もうちょっと何か，うん，こちらが柔らかいと言うか，ゆったりした感じで，面接に入れそうな。うん。実際に会うときはやっぱり構えちゃうかもしれないけど，でもそれもありで，もうちょっと調和した感じというか，自分がバラバラにならないような調和した感じで，会えそうな。会えるかな？　会えるかどうか，まだちょっと自信はないですけど，今はとりあえずクライエントのことを考えても，自分の感じが調和と言うか，綺麗に混ざっているような感覚がありますね。うん。

筆　者：少なくとも，今はね。このクライエントのことを感じながら（うん），そんなふうに居ることができるというか（うん）。［沈黙15秒］どうかな。このセッション，ここで（はい）区切りに（そうですね），してよさそう（はい）だよね（はい，はい）。じゃあ，区切りにしましょう（はい）。あの，ゆっくりでいいので，少しずつ現実の方に意識を戻して（はい），からだを少し揺さぶったりして，それからゆっくり目を開けましょうか。

Cさん：はい。［沈黙20秒］はい，どうもありがとうございました。

筆　者：どうもありがとう。

(4) 1カ月後のCさんの感想

「自分の内面でわだかまっていた感じを見つめることで，"自己一致が促進された"経験でした。クライエントの状態を静かに受容することができるようになったように思います。簡単に言うと，とてもスッキリして面接ができるようになったなあという感じです。そのためか，クライエントの状態・状況がそうさせるのかはわかりませんが，今一歩踏み込んだ面接に取り組んでいるのも事実です」。

(5) 1年半後のCさんの感想と考察

セッションを実施して1年半後に，このセッションを素材にして，筆者とCさんの共著論文を作成した（吉良・大桐，2002）。そのさいにCさんがこのセッションについて論じた感想と考察を，以下に掲載する。

「本セッションは，筆者がまだ臨床活動を開始して間もない時期に担当した事例について，取り扱ったフォーカシングである。当時，当事例に対してどのように心理療法を進めていけばよいかわからないという技術的な不足を感じると同時に，自分自身の当事例に対する思いや実感に"戸惑い"が積み重なってきていた。そこで筆者からの希望として，その違和感，息詰まる（「行き詰まる」とはやや趣の異なる）感覚に対する，セラピスト・フォーカシングをお願いすることにした。セラピスト・フォーカシングを行うことによって，どのような感覚が得られるのか，ということについては全く意識化できていなかったが，"自分自身の感覚と向き合いたい"という強い希望が生じていたことは想起される。

本セッション終了後，セラピーに向かう筆者の実感はかなり穏やかなものへと変化していた。何か具体的に心理療法の進め方を思いついたり，取り組み始めたわけではい。しかし，静かにクライエントの気持ちを受け入れているという実感があり，その結果，治療を徐々により深いものへと進

めていくことにつながった。セラピスト・フォーカシングにおいて行われたことはいったい何だったのだろうか。

　筆者はセッション開始すぐに，"怖さ"を感じとしてあげている。これは面接時間がやってきて，物理的にクライエントと向き合おうとすると筆者の中に生じてくる"壁"であった。この"壁"はクライエントとの面接を刺激として筆者の中に生じており，クライエントから与えられるものであると意識されていた。しかし，フォーカシングを進めて行くにつれ，筆者自身が本来持っている課題や感覚とクライエントの課題や感覚が密接に絡み合い，それによって初めて"壁"として生じていたことや，その"壁"を生じさせる筆者側の感覚に対する「気づき」が生まれている。

　治療場面では，クライエントの言語・非言語的メッセージを汲み取りながら，その気持ちに共感し，セラピスト自身の自己一致を進め，肯定的な配慮をしつつ面接を進める。しかし，限られた枠の中でクライエントが感じていることをじっくりと感じとり，セラピスト自身がそれによって感じることを整理するということを，同時進行で進めることが困難なケースもある。本セッションは，すでに意識されていた実感（違和感）を入り口に，セラピー場面でセラピストが受け取りながら取り残し，十分に吟味されていなかった感覚にじっくりと向き合うことであったと考えられる。その中で，"分からない"という感覚から"あぁそうなのか"という納得できる感覚が生じることによって，取り残されていた感覚を含めた自己一致の促進が生じたのである。

　心理療法とは"クライエントの状態"にセラピストがどのように取り組むか，という一方通行の治療なのではなく，セラピストとクライエントの関係性によって進められるものである。しかし，実際には筆者のような初心者のセラピストにおいては，"何をするか"ということや"クライエントのあり方"にとらわれすぎて，セラピスト自身の感覚が忘れ去られてしまうことが生じやすいのではないだろうか。本セッションを通して，筆者は"ケースの中で忘れ去られていたセラピストとしての自分"を見つ

め直し，取り戻すことができたと感じている」。

(以上，大桐あずさ氏による)

3. 若手セラピストにとっての本方法の意義

1. 自身に引き起こされる感情体験の整理の難しさ

　第1章に述べたように，心理療法場面においては，クライエントとやりとりを行うなかでセラピストにさまざまな感情体験が引き起こされる。クライエントの語る話を聴くことで，その話の内容からセラピストに喚起される感情もあるだろうし，また，クライエントからセラピストに対して発せられる情緒を含んだ言語的・非言語的メッセージに反応して，セラピストに生じる感情もあるだろう。

　セラピストに生じる感情は，共感の土台となるものであるし，あるいはそれを通じてクライエント理解を深める手掛かりにもなる。例えば，辛く苦しい話を繰り返し語るクライエントがいたとしても，心理療法面接のなかで，クライエントがこちらに対して寄りかかってくるようなニュアンスがあり，こちらもそれに応えたいような気持ちが起こる場合と，クライエントがどこかに消えていってしまいそうな，自分とのつながりの希薄さを感じる場合とでは，その理解は大きく違ってくる。後者のような場合には，危機的な状況も起こりうることを念頭に置いて，丁寧かつ注意深い対応を行っていく必要があるだろう。

　セラピストが自身に生じた感情体験をクライエント理解に結びつけ，臨床に活かしていくためには，まず自分に生じている感情体験がどのようなニュアンスのものかを感じ取ること，そして次に，それがどこからどのようにして生じたものなのかを探り，意味づけていくことが必要になる。「今自分が感じていることは，このクライエントの行き場のなさや行き詰まり感を受けとめて生じているものらしい」とか，あるいは「このクライエントの話を聴いていると，自分のなかに以前からあるこだわりが刺激されて，この気持ち

が生じているようだ」などである。

　しかし臨床経験を積み始めたばかりの若手セラピストにとっては，それがなかなか難しい課題である。多くの初心者は，自分の内面に生じた感情体験には気づくものの，それに落ち着いて目を向け，それについてじっくり味わいながら考えをめぐらすような余裕をもちにくいように思われる。特にクライエントへの腹立ちや不快感などネガティブな感情に対しては，それを感じること自体が不適切であるように考えて目を向けることができないセラピストもいるし，あるいは丁寧に吟味することなくクライエントに感情的に言葉を返してしまう場合もある。このいずれも適切ではないであろう。まず大切なことは，静かに穏やかに，自分の感じていることに注意を向け，それを感じ取り，吟味整理していくことであると考えられる。

2. Cさんとのセッションで行われたこと

　Cさんはあるクライエントとの面接のなかで，自分のなかに沸き起こる感じに「違和感」を覚え，それに向き合ってみたいと考えて，このセッションを希望した。Cさんが感じていたのは，一言で言えば「怖さ」であった。面接時間になると得体の知れない怖さのようなものを感じ，それがクライエントと向き合おうとしたときの「壁」のようになっていたと，Cさんは報告している。

　セラピスト・フォーカシングでは，まずステップ1において，この事例の面接でCさんが感じていることをひとつずつ確認していった。それは「クライエントの感じに，一歩ずつ安全なかたちで踏み込んでいる」ように感じられるプロセスであった。はじめの2つは，クライエントに近づけない，跳ね返されるような感覚のなかで感じているものであったが，3つ目からは，クライエントの心の世界に入り込むなかでセラピストに生じている気持ちと言えるものであった。そしてそれらを全部で5つに分けて確認することができた。

　このようなステップ1の作業は，セラピストが自分の感じているものの二

ュアンスに穏やかに注意を向け，丁寧に吟味整理する営みと言うことができる。「違和感」というかたちで，ひとかたまりのものとして漠然と感じられていたものが，少しずつ区分されて認識できるようになっていったのである。そしてそれを踏まえたうえで，次のステップ2でこれからの進め方を話し合うなかで，これら5つの感覚のうちの「背中のゾーッとする感じ」（3つ目）や「肩のあたりをつかまえられるような感じ」（5つ目）について，さらに進んで感じてみることになった。

　ステップ3では，背中や肩で感じているものを吟味していったが，そのなかで興味深い展開が生じた。肩をつかまれたときの「動けなさ」「怖さ」は，「身のすくむ感じ」というよりも，「自分だけ，時間の流れがいきなり止まったような怖さ」というように詳細なものになっていったが，そこでCさんは急に，「この感じっていうか，こういうことって，とてもケースに通じる。このケースのクライエントがもっている問題と言うか。ご両親との葛藤のなかでそのような感じをもっておられる」ということに気づいた。つまりセラピストが感じている「動けなさ」（の少なくとも一部）は，クライエントが両親との関係のなかで感じているであろう感覚と共通したものであることに気づいたのである。

　セラピストに生じる感情とクライエントの感情とのこのようなつながりは，ラッカー（Racker, 1968）が精神分析における逆転移の議論のなかで論じている，融和型同一視（concordant identification）と共通する面をもつであろう。ラッカーは融和型同一視について，それは「患者の中で何が起こっているのかを理解する機能に属する性向」であり，「分析医は自分の人格のさまざまな部分と，それに対応する患者の心理学的な側面とを同一視することで——たとえば，自分のイドと患者のイドとを，自分の自我と患者の自我とを，自分の超自我と患者の超自我とを，といった同一視を自分の意識の中に受け入れることで，患者を理解するのである」と述べている。

　しかし，心理臨床家がこのような心の現象を知識として知っており，自分に起こった感情をこの知識にもとづいて意味づけるのと，自分の体験に丁寧

に触れていくことによってそれを発見するのとでは，理解の質は大きく異なるのではないだろうか。「自分に起こっているこの感情は，融和型同一視にもとづいたものと言えるだろう」というような知的な方向からの理解と，このセッションでCさんに生じた体験的な理解では，気づきのインパクトや深さはずいぶん違う。Cさんは本方法を用いて自身に生じている感情体験を詳細に探っていくことにより，自分とクライエントとの間の感情的なつながりについて，大きな発見をしたと言うことができる。

このセッションにおいて，Cさんの気づきはそこに留まらなかった。その後の展開のなかでさらに，Cさんは，クライエントが感じていることを自分も一人の人間として，自分自身のなかで感じる面があること，そして，自分のなかのそのような側面を自分の問題として感じることを「怖い」と感じていることに気づいていったのである。つまり，Cさんはクライエントと同一視して，クライエントと同様の気持ちを自分のなかに感じているだけでなく，Cさん自身も本来，クライエントと共通するような心性を抱えていて，クライエントに向き合うことが自分自身のそのような側面に直面することにつながることを，「怖さ」として感じていたのであった。

単に，クライエントから伝わってくるものに反応して自身の内面に感情が生じているのではなく，本来，その側面をクライエントと自分とが共通してもっていること。人の心の危うい側面を，もともと共通する基盤として自分自身の内側にも抱えていること。このことに気づくことは，セラピストという仕事を続けるうえで，不可避と言うべきではないだろうか。クライエントに生じていることは，セラピストにとって「他人事」ではなく，自分自身にもそのまま重なるような「我々事」なのである。体験のレベルでのそのような理解が基盤にあることではじめて，私たちセラピストはクライエントの立場に立って，クライエントと共通する目線から周囲を見ていくことが可能になると考えられる。

このように，Cさんの感じていた「怖さ」は，クライエント理解につながるだけでなく，深いところでの自己理解にもつながっていたのである。そし

てそのことに気づくと，Cさんの感じる「怖さ」の程度や質はずいぶん変化していった。「その『大変だなあ』って感じが，ギスギスした，何か怖いものじゃなくて，恐ろしいものじゃなくて，優しい，柔らかい，感触的にそんなに不快な感じじゃない『大変だなあ』に変化したことを，Cさんは報告している。

3. 体験のレベルでの自己吟味の重要性

　Cさんとのセッションは，Cさんにとって大きな体験であったようだが，筆者自身にとってもインパクトのある，重要な経験であった。このセッションの経験から，筆者はセラピスト・フォーカシングという方法は，セラピストにとって，そして特に臨床経験を積み始めたばかりの若手セラピストにとって，他に代えがたい意義をもつのではないかと考えるようになった。

　臨床経験の浅いセラピストは，自分の内面に起こっていることに目を向けるための道筋をまだしっかりと手に入れていないことが多い。そして，よくわからないまま混沌とした感情に振り回されることにもなりがちである。Cさんはこの事例に向き合う際に，自分の内面に「怖さ」が生じることに「違和感」を感じていた。それは，この「怖さ」が未分化なものであり，何に対するどのような怖さなのか，Cさんにとって得体が知れないものであったことによるのではないだろうか。

　Cさんは，このセッションを通じて自らの感覚に触れていくことによって，自分の感じている「怖さ」がいったい何についてのどのような感情なのか，分化して捉えることができるようになったと考えられる。すると，この感情に圧倒されるような気分は鎮まっていった。自分の感じていることを吟味し，その体験的な意味を明らかにしていくことによって，それをクライエント理解や自己理解につないでいくことができたのである。

　このような，実感のある体験にもとづいて自己吟味を行う作業は，臨床経験を積み始めたばかりの若手セラピストにとって，不可欠のものではないだろうか。もちろん，自分に生じた感情の意味を捉えるための道筋として，臨

床心理学の領域における先人たちが語った言葉や概念を学び，それにもとづいて考えることも重要である。しかしそのような知的な方向からの理解を体験のレベルにまで浸透させていくのは，必ずしも容易ではない。知的な理解のみが先走ると，自らの体験には十分に触れないまま"わかったかのような理解"に留まり，それが習性として身についてしまうかもしれない。セラピストとしての初心者の時期に，自分が臨床の場で感じていることについて体験のレベルで感じ取り，それについて吟味しながら考える機会をもつことが，とても大切なのではないかと筆者は考える。セラピスト・フォーカシングは，そのための方法のひとつと言えるであろう。

　Cさんが自身の内面に見つけたことは，臨床心理学のたくさんの専門書をひもといていけば，そのどこかにはすでに書かれていることかもしれない。しかし重要なことは，Cさんがそれを自らのフェルトセンスに触れることによって，体験を通じて，自分の内側に発見的に見出したことである。セラピストの仕事は，生身の人と向き合いながら，その人と即興的に関わることによって，その人の内面に変化を生み出すことを目指す作業である。したがって，セラピストの考え方，感じ方，理解の仕方は，知的なレベルのものではあまり意味をなさない。セラピスト自身のあり方，生き方に根ざしたものでなければ，クライエントに即座に応じることはできないからである。多くの臨床家によってセラピストの"Being"が強調されるのは，そのことを言っているのだと筆者は理解している。

＊本章は，拙稿「フォーカシングを用いたセラピスト自身の体験の吟味——『セラピストフォーカシング法』の検討」(「心理臨床学研究」日本心理臨床学会第20巻2号　97-107ページ　2002年)中にセッション例として掲載し，その後，吉良安之・大桐あずさ「セラピストフォーカシングの1事例——セラピストとしての自分の体験へのフォーカシング」(「学生相談　九州大学学生生活・修学相談室紀要」第4号　26-37ページ　2002年)に逐語記録と両者の考察を加えて報告したものを，今回大幅に修正して，新たに書き改めたものである。

第6章 個別事例の吟味その2：中堅セラピストとのセッション3例

　本章では，3人の中堅セラピストとそれぞれ1回ずつ行った，計3つのセッション例を示す。ここで紹介する3つの例は，いずれも個別の事例について吟味を行ったものであるが，扱われたテーマは異なる。また，そのプロセスもそれぞれ異なる。

　1例目のDさんは，自分自身の抱えている問題が心理療法面接のなかでクライエントによって喚起されるため，その扱いに苦労していた。Dさんとのセッションにおいては，そのフェルトセンスが取り扱われ，それを自分に合ったかたちでどのように納得できるものにしていくかが吟味されていった。

　2例目においては，Eさんは事例を担当するなかで自分が感じているフェルトセンスを検討する過程で，クライエントに対してだけではなく，所属する相談機関のシステムに対して感じている気持ちが自身に影響していることに気づいた。そして，その気持ちを整理することによって，事例に向き合う姿勢を確かめていった。

　3例目のF氏とのセッションにおいては，クライエントとの間で生じている関係のあり方を，複数の視点から感じることによって吟味していった。そして，クライエントがどのように感じて何を求めているのかが明確化され，今後の面接を行ううえでの手掛かりを確認することができた。

　本章で紹介する3つのセッション例においては，それぞれ異なったテーマが扱われている。しかしいずれのテーマも，心理療法においてセラピストが直面しやすいものである。これらのテーマについて，セラピスト・フォーカシングではどのように吟味検討していくことになるのか，見ていただきたい。

1. Dさんとのセッション

1. フォーカサーと事例の概要

　Dさんは30代の女性セラピストで，10年近い臨床経験をもっている。フォーカシングは20回以上の経験がある。セラピスト・フォーカシングを希望したのは，「娘さんのことで来談している母親との面接のなかで語られる話題が自分自身のことと重なりイライラ感がある。それは自分自身の反応だと自覚しているので，それに触れてみたい」ということであった。その事例はこれまで18回の面接を行っていて継続中だが，筆者とセラピスト・フォーカシングを行う予約をした後，現実的な事情で面接が一時休みになっている時点であった。

2. セッションの経過

（1）ステップ1「全体を確かめる」

　筆者から〈そのクライエントについての気持ちや，その事例を担当するうえでの気持ちの全体をひっくるめて，自分が感じているものを振り返って確認しましょう〉と教示した。

　1つ目に浮かんだのは「すごく面接に時間がかかる。どうしても1時間で終わらない。私から話を切れない」ことであった。それは「自分から発したものが何かに当たってこちらに跳ね返ってきている」感じであることが確認された。次に「クライエントが丁寧で謙虚な言葉遣いをされるのが（自分とは）違うなーという感じ」が2つ目として浮かんだ。それは「一緒に歩こうとすると歩幅が違うのでついていけない感じ」だと言う。それを身体の感覚で確かめると「小走りにシャカシャカしている感覚が胸のあたりにある」と報告された。

　再度全体に戻って感じてみると，「いちばん困っていることなのだけど，長女の話をするときのクライエントに対して，すごく嫌な感じをもつ」ことが浮かんだ。それがどのように嫌なのかを確かめていくと，「私自身に対す

る感じと,クライエントに対して感じること（の2つ）があるんじゃないか」と語り,その前者は「面接のなかで毎回それが私に引き起こされるのは,私の抱えている問題でもあるから,きつい感じ」であり,後者は「クライエントに対して『わかってよ』という気持ちが自分に引き起こされる」ことであることが明らかになっていった。この2つはどちらも大きなものと感じられ,3つ目,4つ目として,別々に確認したいものであることが語られた。

さらに再び全体に戻って感じてみると,5つ目として,「このケースは私が会っていていいのだろうかという感じ」が浮かんできた。それは「ケースがうまくいくとか,いかないとかとは別の問題。私にとって他のケースと違う感じ」であり,これまでに浮かんだ4つとつながっていると言う。そして「悪いなーと思っている私がいますね。私が担当していて申し訳ないなーと思っている」と語られ,身体の感覚としては「息苦しい」感じであることが確かめられた。

ここで筆者から,これまでに思い浮かんだことを眺めてみることを提案し,浮かんだ5つのことそれぞれについて,簡略に言葉にして振り返った。Dさんは「他には出てこないですね。だいたいそんな感じです」と言う。

(2) ステップ2「方向を定める」

そこで筆者は,〈ここから先の進め方としてはどういうのが良さそうかな。この5つのなかからどれかひとつを選んでみるというのを一応は考えているけど,どうですかね〉と問いかけた。Dさんは「それで行きたい」と応じ,「いちばん困っていることだけど,やっぱり『わかってよ』と感じていること」（4つ目）を選択した。

(3) ステップ3「フェルトセンスを吟味する」

筆者は,〈そうしたらそれを,身体のなかで感じてみようか。どんなふうに感じられているか,確かめるつもりで〉と促した。Dさんは沈黙の後,「何かこう,たぶん怒りの入っているようなものが,おなかの深いところにあ

る」と報告した。そこで，それについて時間をかけて味わっていくと，「固くなって，奥の方に入っている感じ。内は熱いけど，外は固いです」「奥の方に入れておかないときつい。表に出てきたら困りますね」「表に出てきたら，比喩で言うと，煮え湯をかけそうです」と語った。そして「（クライエントの語ることのなかで）その件に関してだけは，すごく怒っている。『わかってよ』と思っている気がします」と言う。それはクライエントが，次女については不憫に思って世話をする一方で，長女については一方的に悪く言い続けることについて，Dさんが長女の立場になって『わかってよ』と思ってしまう気持ちであることが語られた。そして「その『わかってよ』というメッセージを，ずっと言葉の端々で伝えてしまっている感じがする」と言う。

　そこで筆者から，〈それは奥の方で固くなっている怒りとつながるもの？〉と問いかけると，Dさんは「そうですね。それは私の人生で反応しているものだと思う。そことつながっている。それをそのまま出してはいないけど，熱いからモワーッとした熱さで相手にも伝わっているんじゃないか」と言い，「どんなふうにつながっているのかなあと思っていたけれど，熱として伝わっているんだなー」と語る。

　ここで筆者から，〈今，Dさんが感じているきつさは，ケースを進めるうえでこれが妨害になっているという意味でのきつさだろうか，それとも奥に秘めているものが表に出るきつさだろうか〉と問いかけた。するとDさんは「面接としては進行しているけど，でも全然違うところで私が感じているんです。で，それが絶対影響しているだろうなと思う」「このクライエントと積み上げてきたものはあるんですよね。全体としては滞っていないんじゃないかと思う。熱を発している部分については，滞っている気がしますけど」と言う。〈だけど，それが致命傷になっている感じではない？〉と聞くと，Dさんは同意する。そして「わかったことは，その点では滞っているけど，全体としては少しずつ進んでいるということ。致命傷ではないんだなーと思ったら，ちょっと楽になりました。風がスーッと通る感じがします。自分が大変なこと（セラピストとして良くないこと）をしているかもしれないとい

う感じがあったのかもしれない。半分は楽になった感じ」と言う。

そこで〈残った半分は，自分の方？〉と尋ねると，Dさんは「そうですねー」と言い，「でも，（他の事例でも）子どもに対する親の思いを聞くけど，いつもこの気持ちを引き起こされるわけではないんです。このクライエントの独特の思い方に私が反応している」と言う。そこで〈クライエントのどういう思い方に反応しているのかな？〉と問いかけると，Dさんは「んー，何か，そのクライエントの盲目な感じです。それがぴったりします」と言う。そして「そこに絶望感を感じていると思う。それがきついんですねー。そういうふうなものなんだというのが，だいぶわかってきたなー」と語り，「はあー，参った」とため息混じりに苦笑する。

その後は，そのなかでどんなスタンスをとれば，この事例をこれからも継続していけるかの吟味に移っていった。「私はいつも直面しすぎるのかもしれない。この部分は私には受けとめることが今はできない。受けとめることができないものもあるんだなあということにがく然とします」と言うが，「こんな気持ちをすごく感じたのははじめて。今は『試しの期間』と位置づけておいたら落ち着きます。これ以上は入れないと思ったら自分のなかで距離を置いてみて，それでクライエントがどう感じるか，面接にどんな影響があるかを試してみる期間にします」と語った。そこでこのセッションを終わりにした。

3. Dさんの感想

要約すると，以下のような回答であった。「事例検討会は何をしたかを中心に展開することが多いですが，心理療法は自分とクライエントとの関係で成り立っているので，私のなかで感じられている感覚，はっきりしないけど感じられている感覚をちょっと明確化するのに大変良かったと思います。ケースはその後終結になりました。自分もその人との面接を整理していたので，理解しやすかったです」。

4. Dさんにとっての本セッションの意義

　セラピストのDさんは，クライエントの語る話題の一部に，セラピスト自身の抱えているテーマと重なるものがあることを自覚しており，それをこのセッションで扱っていった。ステップ1で，Dさんの感じているきつさには，Dさん自身の内奥に秘めているものに向き合わされてしまう苦しさの面とクライエントに対して否定的な感情が起こる面とがあること，そしてそのことが心理療法にマイナスの影響を及ぼしているのではないかという申し訳なさを息苦しさとして感じていることが明らかになった。

　ステップ3では，これらの感情が吟味されていった。クライエントに対する怒りのような否定的感情は「モワーッとした熱さ」として表出されているけれども，全体をゆっくり味わってみると「このクライエントと積み上げてきたものはある」「全体としては滞っていない」ことが確かめられ，「必ずしも致命傷にはなっていない」と感じられるものであった。そのことでDさんのクライエントに対する申し訳なさは和らぎ，「半分は楽になった」と語っている。

　残る半分は，自分自身の問題に向き合わされるというDさん自身のきつさであった。それについても丁寧に味わっていくと，クライエントの「盲目な感じ」に「絶望感」を覚えることが「きつい」ことがわかってきた。自分の感じているきつさが具体的にどのようなものなのかが実感されていったのである。

　そして以後は，それをもとに，このきつさを抱えながらどのように面接に臨むべきか，セラピストのスタンスを吟味する作業を行っていった。Dさんは「今は『試しの期間』と位置づけておいたら落ち着く」ことを見出した。そのようなかたちで，今後の面接の進め方について整理をつけることが可能になったのである。

　このDさんとのセッションの例に示したように，セラピストは時として，自分自身の個人としての問題と重なるテーマをクライエントから持ち込まれ，心理療法の仕事のなかで自身の問題と向き合うことを余儀なくされることが

ある。Dさんは，そのことを自覚しながら面接を続けていたため，自分の個人的な感情をクライエントにそのまま向けてしまうことはなく，自分の感情をコントロールしながらクライエントに接することができていた。しかし一方で，自分の個人的な問題が心理療法にどのような悪影響を及ぼしているだろうかと危惧し，自分がこの事例を担当することについて罪悪感のような感情を抱いていた。

このように，心理療法のなかでセラピストが自身の個人的問題と重なるテーマに向き合わざるをえなくなり，そのために心理療法の進め方に困難を感じているときに，セラピスト・フォーカシングを役立てることができる。自分の感じている辛さ，難しさを吟味し，感じ取ることによって，それをどのように扱っていくのが現在の自分にとって適切なのかを見つけていくことが期待できるからである。

このセッション例の終わりの方で行われたように，本方法においては，心理療法の今後の進め方について吟味することが，セラピストにとって有益である。それは，セラピストが心理療法のなかでどのような気持ちを感じているのかを十分に確かめたうえで，なされる作業である。その作業を行うことで，Dさんは自身にとって納得できるスタンスを発見することができた。セラピスト・フォーカシングにおいては，セラピストが自分の感じていることを十分に味わうだけでなく，そこで明確になったことにもとづいて，心理療法の今後の進め方について体験的に検討する作業が大切になってくると考えられる。

＊本節は，拙稿「フォーカシングを用いたセラピスト自身の体験の吟味——『セラピストフォーカシング法』の検討」（「心理臨床学研究」日本心理臨床学会　第20巻2号　97-107ページ　2002年）に掲載したセッション例をもとに，一部加筆修正して新たに書き改めたものである。本セッション例のフォーカサーであるクアモト美穂氏には，その後，本方法のワークショップを企画運営していただくなど，大変お世話になっている。この場を借りて，お礼を申し上げたい。

2. Eさんとのセッション

1. フォーカサーと事例の概要

　Eさんは，40代の女性セラピストであり，無料でカウンセリングを行う公立の相談機関に勤務している。これまでにフォーカシングの経験は豊富だが，セラピスト・フォーカシングを行うのは今回がはじめてである。

　このセッションでは，カウンセリングを継続中のある女性クライエントについて，自分が感じていることを取り上げたいと言う。そのクライエントは，家族とのことを繰り返し語り続け，面接の終了時間が来ても終わらせない。周囲の人に対して攻撃的であり，セラピストに対してもかなり攻撃的な言い方をする。その女性はこの相談機関に数年前から継続して来談しているが，Eさんはおよそ半年前に前任者からの突然の引き継ぎの後，担当するようになった。カウンセリングの面接は週に1回の約束だが，その女性は予約外でも突然来室する。週に3回ほど来ることもあり，Eさんはそれを断らせてもらうことができない。以上のことを聞いた後，セッションを始めた。

2. セッションの経過

(1) ステップ1「全体を確かめる」

　筆者は以下のような教示を行った。〈そのケースについて，セラピストとして自分が感じていることもだし，そのケースを自分が担当するうえで，周りの状況も含めて感じていることがもしあれば，それも含めて，その全体をゆっくり振り返ってみるつもりになってもらいましょうか。で，そのケースを担当するなかで，自分がどんなことを感じているか，何か言葉で言えるようになってきたら，話して下さい。ゆっくりでいいですから〉。

　Eさんは目を閉じてしばらく沈黙した後，1つ目として「のしかかってくる」感じを報告した。それは，後ろから覆いかぶさってきて，こちらの姿勢が崩れて前のめりになるような感覚であり，「ガッとやってこられる」感じだと言う。それを置いた後，2つ目に感じられたのは「胃のなかが重くなる」こ

とであった。そしてさらに 3 つ目として,「喉の奥のあたりが引っかかる」「呑み込みにくいのではなくて,出すのが出しにくい」感覚が浮かんだ。これらは,この事例に関連したものとして感じられていると言う。

そこで筆者は,この 3 つを言葉にして反復した。そして再度全体に戻って,他に感じられるものがあるかどうか確かめてもらうことにした。するとEさんは 2 分ほど沈黙した後,「ひたいのあたりが熱くなる」感覚を報告し,大きく息をした。それは汗が出るような感じであり,「この（ひたいの）あたりだけがそんな感じ」だと言う。

筆者は,〈今,4 つ確認したのだけれど,他にもあるか探した方がいいか,それともこの 4 つで概ねいいということで次のステップに行くか,どっちが良さそう？〉と尋ねた。するとEさんは,この 4 つで良さそうだと言う。そこで次のステップに進むことになった。

(2) ステップ 2「方向を定める」

筆者は再度,浮かんだ 4 つのことを反復した。そして〈この 4 つを確認できたけど,そのなかで,このケースのことを考えていくのに,この辺のところをもうちょっと感じてみようかというのがあれば,それを選んでもらおうかな。あるいは,もしここでやめておくというのであれば,それでもいいのだけど〉と伝えた。するとEさんは,沈黙の後,以下のように語った。「（4 つ目の）ひたいのあたりの汗ばむ感じは,他の 3 つに伴って出てくる。前の 3 つに全部くっついて出てくる。背中にやってくる感じとか,胃の感じ,喉の感じは,割とそれぞれで独立している。でも,ひたいに汗が出る感じは,弱いけれど,前の 3 つどれとも,くっついている」。そして,この 4 つ目について,さらに感じてみることを希望した。

(3) ステップ 3「フェルトセンスを吟味する」

筆者はEさんに,ひたいのあたりに感じている汗の出る感じをゆっくりと感じてみて,言葉にできそうになったら話してくれるように伝えた。す

るとEさんは1分ほど沈黙した後,「何か頑張ってやっている。負荷がかかっている」「うーん,あんまりやりたくない。やりたくないことだ」と言う。そこで筆者が〈そう言ってみて,どんな感じがするかな？〉と尋ねると,Eさんは胃の「重い感じは良くなった」と言いながら,「あんまりじゃない,ずいぶんやりたくないことだ」「やらされている感じっていうか。うーん,どう言えばいいんだろう。あー,何かやりたくないことを頑張っている感じ」と,頷きながら語る。

　この時点で,筆者のなかに問いが浮かんだ。そしてEさんの感じについていくために,以下のように尋ねた。〈ひとつ質問していい？　やらされているっていうのは,そのクライエントにやらされているっていう感じなのか,それともシステムというか,組織としてみたいな感じなのか,どんな感じなのかなと思ったんだけど〉。するとEさんは,吟味しながら以下のように語った。「あー,何か自分のなかでは,相手とのなかでやらされている感じがあったんだけど,今尋ねられてみたら,両方あるなと思って。うーん。むしろシステム的にやらされていた感じの方が,スタートとしてはあったような感じがする。だけど面接が重なることで,そっちが薄らいで,本人の方が大きくなっていたけど,今言われて振り返ってみたら,それも両方あったなっていうか」。

　そこで筆者は〈その両面含めて,やらされている感じが自分のなかにあったというのを感じてみて,どんなふうに感じられる？〉と尋ねた。するとEさんは「相手との関係のなかで,自分がいろんなものを感じていたけど,それにもうひとつ加わっていたんだなって。相手に対して感じていたつもりなんだけど,その後ろに,ちょっと見えにくいものがもうひとつ付随していたっていうか」と言う。そして「1つ目の覆いかぶさってくるのも,クライエントとの関係で感じていたはずなんだけど,もうひとつ違うものも一緒に乗っかかってきていたっていう」と語り,2つ目,3つ目についても両方が重なっていると言う。

　以上のような流れから,筆者は〈その辺がちょっとはっきりしてきた感じ

がするんだけど。そのうえで，これからどんな姿勢というかスタンスでやっていくか，これからのことをちょっと感じてから終わった方がいいかなという気がするんだけど〉と提案した。

　するとEさんは，2分程度の沈黙後，以下のように語った。「今やってみて，相手とのやりとりのなかに，自分で気づかないうちに違うものも一緒に加担させていたので，なおさらズシーと来ていた気がする。なので，そこは加担させないというか，分けることで負荷を減らすというか。システムの問題のところを知らないうちに抱え込まされないで，重さを分けるように」。そして「本来の重さだけでも十分手一杯なのに，知らないうちに一緒くたにされちゃう。そこを自分で，別物に分けることが必要かな」「それぐらいは自分でやれるかな。これ（この事例）をもたないわけにはいかないし」と言う。さらに続けて，Eさんは「この（ひたいの）あたりが熱くなるっていうのは，腹が立っていたのかもしれない」「そのシステムに対して怒っていたのもあったかもしれないし，余計なものまで抱え込んでいる自分に対する腹立ちみたいなものもあったような気がする」と語った。ここに至って，このセッションは終了の方向に進んでいった。

　セッション終了後，Eさんは以下のように語った。「（セッションの）途中で，（リスナーが）『システムとどっちなの』っていう質問したでしょ？　ものすごく，あそこで変わっちゃった。もう全然何か不思議なくらい，視線が変わったっていうか。『あちゃ』っていうか，『あらー』っていうか。全く思いもよらなかったですよ，あれ。視線がぐっとこう，ワイドになったような。でもそうすると，不可解なことがちょっとわかりやすくなったっていうか。自分としては（それまで）ずっと，その個人に対しての視線だったんですよ。だから，あの質問がなかったら，ちょっと行き先が変わっていたと思う。何かすごく不思議な感じっていうか」。

3．Eさんの感想

　このセッションを実施してから約2カ月後，共著で論文を書くことになり

（吉良・兒山，2005）．Eさんにセッションの感想とその後の本事例の経過を文章にしてもらった。その文章（今回の再録にあたって，Eさんにより一部修正）を以下に引用する。

「本セッションは他の相談員が長年関わってきたケースであり，その相談員はクライエントに手こずり限界を感じて，唐突に私（Eさん）が担当することになったものである。このケースはその前相談員から突然同席を求められてスタートし，私は心の準備もなくクライエントに出会った当初から何とも言い難い感じを抱えていた。自分の中にある，吐き出したいような強い感じをセラピスト・フォーカシングのセッションで扱うことにより，自分自身とクライエントとの関わりを見直すことができるのではないかと思われ，このセッションに臨むことにした。

初めに自分の中でいつも気にかかっていた予約の日以外でも突然来所するような"面接構造が安定しない状態"を思い浮かべることでクライエントへの感じだけでなく，"自分らしくしっかり立つことができていない"という自分自身のスタンスにも気づくことができた。さらにセッションが進み，自分の感じを確かめていくことで，それまでのはっきりとした摑みやすいからだの感じと異なる，うっすらとした感じを味わうことができた。その感じは単独では感じにくいが，それまでの三つの感じに伴って"ちょこん"と味わうことができるものであった。

クライエントとのやりとりを思い起こすとからだの感じを味わいやすいと思われた。けれども，本セッションのようにはっきりとしたからだの感じを少しずつめくっていくように取り除いていくと，うっすらとした背景にあるような感じが浮かび上がってきた。しかし，このうっすらとした感じの正体が何であるかもわからないままで，その背景にあるような感じがあったことがはっきりしただけであった。

しかし，途中リスナーからの『やらされている感じはクライエントとのやりとりの中？　それともシステムに対して？』という内容の声かけで，

それまでクライエントだけを見つめていた視線がワイドなものに突然変わり，クライエントと自分自身のやりとりを客観的にながめ直した感じがした。ワイドに視野が切り替わったことで，それまで全く自分の意識になかったシステムのことがくっきりと浮き上がってきた。クライエントとのことだけを意識していたはずが，気が付くと知らず知らずのうちに別な負荷まで背負っていたことがはっきりとした。

"クライエントに対する感じ"と"システムに対する感じ"と全く内容の違うものを一緒にしてしまって，ケース本来のもの以上の重さを抱えてしまい，自分自身のスタンスを保つことができていなかった。これらのことが明らかになるに伴い，うっすらとした感じの正体がわかったような感じがした。セッションを終了するにあたり，"クライエントに対する感じ"と"システムに対する感じ"を一緒に扱うのではなく，明確に別物として扱うことは自分にもできる対応のように思われた。

セッション終了後，自分では全く意識していなかった，しかし，はっきりした後で考えてみるとむしろ意識しないようにしていたかのような感じがあらわになり，自分で感じていたものや"腹立ち"を生じさせていた"からくり"がくっきりして腑に落ちた感じがした。

その後のクライエントとの面接で，変化が感じられた。面接の前には必ず，『クライエントのこととシステムのことは別物』と自分に言い聞かせ，呼吸を整えるように心がけた。すると，以前に私が感じていた"ひたいに出るような熱さ"はなくなり，穏やかに面接に臨むことができるようになったことが自覚できた。

また，クライエントともう一度，面接構造について話をすることができ，"後ろからガッと覆いかぶさってくる感じ"が拭え，"胃の中がズシーッと重くて，うーん"といった感じがなくなった。からだの感じはずいぶん楽になり，"面接をやりたくない，面接をやらされている"感じから解放された。そのことで，自分自身でいることを取り戻すことができたような気がした。

セラピストが目に見えにくいものに巻き込まれ，振り回されながらも，自分のからだの感じを信じ，自分のからだの感じを丁寧に扱うことで，自分でも気付いていないものから解放され，自分が自分でいることを回復できたと思われた。セラピストがこのフォーカシングを行うことでクライエントとのやりとりについて感じる自分のからだの感じを味わうことは自分の面接を振り返るには有効な方法だと思われた。

　以下にセラピスト・フォーカシングという方法について，私が感じたことを箇条書きでまとめてみる。

* 通常のフォーカシングの進め方などと違和感は感じなかった。
* 通常のフォーカシングより，場面の切り取りがクライエントとのやりとりに限定されているために，思い起こす場面が具体的で拡散しないのでからだの感じをつかみやすい。
* ケースに対するひっかかりややりにくさ，困難さ，苦手な場面などを扱うことで，問題との適度な距離をとることができ，セラピストが問題に巻き込まれたり，ネガティブな感じで身動きが出来なくなったりする前にケースを見直せるようになる。関係不全に陥ることを予防することが出来る。
* セラピストが自分の意識していないところに気づくことができ，レベルアップの一助となる。
* 今回のような特定ケースの場面の切り取りではなくても，いくつかのケースに共通して感じるテーマ（うまくいかない感じ，やりにくさ，困り感，行き詰まり感など）を扱い，自分の臨床全体を見直すことが出来る可能性も含んでいる。
* リスナーとともにセッションを行うことで，クライエントだけでなく，クライエントと自分とのやりとりを自分自身で客観視できる。さらにその作業の時間や準備の負担が少なく，自分自身で見つめ直せるために，心的な負担も少ない割に効果があるように思われる」。

　　　　　　　　　　　　　　　（以上，兒山志保美氏による）

4. Eさんにとっての本セッションの意義

(1) 自身の体験の整理と新たな視点の発見

このセッションのEさんにとっての意義として，2点挙げることができるのではないだろうか。ひとつはEさん自身の体験の整理が行われたこと，もうひとつは，新たな視点を発見したことである。

まず1点目であるが，ステップ1で4つのフェルトセンスを見出したことは，Eさんがセラピストとして感じていることをひとつずつ確かめ整理する作業になったと考えられる。漠然と感じられていることを体験のレベルでひとつずつ「自分はこんなふうに感じているのだ」と確かめる作業である。そのことは，Eさんが感想で述べているように，「ケースに対するひっかかりややりにくさ，困難さ，苦手な場面などを扱うことで，問題との適度な距離をとることができ，セラピストが問題に巻き込まれたり，ネガティブな感じで身動きが出来なくなったりする前にケースを見直せるようになる」という臨床的な意義をもっていると考えられる。フェルトセンスを確かめる作業は，それを対象化して体験的な距離を生み出すと言えるだろう。

次に2点目である。Eさんはステップ3で，新たな視点を発見したということができる。この発見がどのようにして起こったのか，少し丁寧に考えてみよう。

Eさんは，4つ目のフェルトセンスである「ひたいのあたりの汗が出るような熱さ」を吟味していくなかで，「やらされている感じ。やりたくないことを頑張ってやっている感じ」と語ったが，それを聴いているリスナー（筆者）には，それが"クライエントからやらされている感じなのか，それとも相談機関のシステムの事情としてそれをやらされている感じなのか，どちらかよくわからない"感じがして，それを質問のかたちでEさんに尋ねることになった。これは筆者としては，Eさんが感じていることをリスナーとして追体験しつつ，話の展開についていくために必要と感じて行った質問であった。

しかしこの問いかけは，Eさんに大きなインパクトを及ぼすことになった。それまではクライエントだけを見ていたのが，「視線が変わって」「ぐっとワイドに」なると同時に，「そうすると，不可解なことがちょっとわかりやすくなった」のである。つまりこの問いかけは，結果的には，それまで感じていた"クライエントに対する感じ"に加えて，そこに"システムに対する感じ"が伏在していたのだという新たな視点の発見へとEさんを導いたと言うことができる。

上記のような筆者の問いかけがフォーカシングにおけるリスナーの応答の仕方として適切であったかどうかは，意見が分かれるであろう。原則的には，リスナーは一貫して傾聴の姿勢をとるべきであり，フォーカサー（Eさん）のフェルトセンスの流れを妨害せずに応答していくことが大切である。その観点から見ると，筆者の質問は傾聴の原則を一歩踏み出したものと言えるかもしれない。それは，フォーカサー自身の視点とはかなり異なる視点を含んだ問いかけであったし，たしかに「あの質問がなかったら，ちょっと行き先が変わっていたと」考えられるからである。

しかし一方で，この問いかけがEさんに，自身に生じている体験を捉える別の視点を提供し，新たな気づきを生み出したことも事実である。リスナーはフォーカサーの語ることを追体験しながら（つまりリスナー自身の体験のレベルで）傾聴しようとしており，そこで生じた"わからなさ"や疑問は，フォーカサーにとっても意味のある視点となる場合がある。そのことを筆者は何度か経験してきている。筆者は，フォーカサーとリスナーは協働しながら，"フォーカサーのフェルトセンスに触れて吟味する"というフォーカシングの作業を行っていると考えるのが適切であるように感じている。

(2) 本セッションの心理療法への影響と効果

これまでの筆者の経験では，セラピスト・フォーカシングによってフェルトセンスを吟味することで，その自分にとっての意味が明らかになり，それを対象化できるようになると，セラピストがそれを自覚するか否かにかかわ

らず，心理療法にポジティブな変化が生み出されるようである。これまでその感じにつきまとわれ，振り回されたり圧倒されたりしていたのが，それはそれとして確かめ，その正体を確認できると，その感覚に左右される程度は軽減する。そのことによって，心理療法でのやりとりにポジティブな変化が生じるものと考えられる。

　Ｅさんの感想によれば，彼女はその後の面接で再度クライエントと面接構造について話し合いをしている。それは，面接構造の不安定さが自分にどのような感じをもたらしているかを本セッションで再確認したことと関連している。セラピスト・フォーカシングでの経験にもとづいて，クライエントとの間でやりとりすべきことが明確になったと言えるであろう。

　またＥさんは，本セッションで「クライエントに対する感じとシステムに対する感じとが重なり，一緒になって感じられてしまっている」という新しい気づきを得た結果，「面接の前には必ず，『クライエントのこととシステムのことは別物』と自分に言い聞かせ，呼吸を整えるように心がける」ようになったとのことである。本セッションで得られた気づきが，臨床場面での工夫に活かされたのである。

　セッション後にセラピストにこのような工夫が生み出されるためには，セッション中に「今後このクライエントと面接していくうえでどんなことが必要か，どんなことを心掛けたらいいか」などをフェルトセンスに問いかけて，セラピストが指針を得ておくことが有益である。このことは，前節でＤさんとのセッションを紹介したさいにも述べたが，本セッションでもそれと同様のことが言える。セラピスト・フォーカシングでは，セラピストのフェルトセンスを吟味するだけでなく，それを今後の心理療法の進め方に活かしていくための道筋を作っていくことが有益と言えるであろう。

＊本節は，吉良安之・兒山志保美「セラピスト体験の自己吟味過程――セラピスト・フォーカシングの１セッション」（『学生相談　九州大学学生生活・修学相談室紀

要」第7号 55-65ページ 2005年）を大幅に修正して，新たに書き改めたものである。

3. F氏とのセッション

1. フォーカサーと事例の概要

F氏は，10年以上の臨床経験をもつ男性セラピストである。彼はフォーカシングの実践や研究にも長く取り組んできている。F氏は，「ある男性クライエントのケースで，行き詰まり感がある。受容できず，感情的な応答が増えているような気がする」と語り，その事例についてセラピスト・フォーカシングのセッションを行うことになった。

2. セッションの経過

(1) ステップ1「全体を確かめる」

セッションは，その事例の面接中にF氏がクライエントについて感じていることを確認していく作業から始まった。F氏にまず1つ目として浮かんだのは「イライラ感」であった。それがどんな感じか確かめていくと，「胸のあたりがザワザワする感じ」であり，「ピリピリするときのような」「我慢しているような感じ」で，「うまく進まないときの」イライラであることが確かめられた。次いでF氏は2つ目として，「もうひとつあるのが肩の後ろあたり。緊張というか，力が入ってイイーッとなっている」というフェルトセンスを報告した。

その後，F氏はしばらく沈黙した後で，「もうひとつ，からだの奥の方にホワーと温かいのがある。今気づいた」と語る。それは「おなかのあたりの奥の方」で感じているもので，「ちょっと意外。さっきの2つを表現してみてはじめて出てきた感じ」と言う。筆者から〈それ，ちょっといい感じ？〉と尋ねると，「いい感じ？　いい感じなのかな」「心地よい感じだけど，自分のなかにあるけれども，自分のものということでもないかもしれない」「も

しかすると僕の苦手な感じかもしれませんね。自分と他人の境界が溶け合ってしまうような何か」と語った。そして「面接しているときはイーとかイライラが多いんだけど，もしかしたらその背景に，そういった気持ちもあるのかもしれない」「これは何か大きいテーマのような気がする。僕のもともともっているテーマかもしれない」と言う。

(2) ステップ 2「方向を定める」

ここまでの 3 つのことで，面接中に感じていることの確認は一区切りにしてよさそうであった。そこで，この後のセッションをどのように進めるか話し合った。F 氏は「自分が感じているイライラの質を確かめたい」「でもその前に，僕がイライラしていることをクライエントはどんなふうに見ているのかを感じてみたい」と言う。そこでまずクライエントの立場になって，クライエントが感じている（であろうと F 氏が感じる）ことを確かめ，その後に F 氏自身の感じを確かめようということになった。

ここで F 氏から，クライエントの感じを確かめるのに，現在座っている椅子とは別の（第二の）椅子に移動して感じてみたいという提案があった。これは，自分の感じと区別してクライエントの感じを感じるには，空間的にも別のスペースを作った方がやりやすい，という F 氏の考えからであった。そこで，そのようにやってみようということになった。

(3) ステップ 3「フェルトセンスを吟味する」

クライエントの立場で感じてみようと別の椅子に移って沈黙した後，F 氏は「背中の後ろが重い感じ。引っ張られるような。おびえのようだし，罪悪感のような感じ」と報告する。そこで，〈その全体の感じはクライエントにとってどんな体験なんだろう？〉と問うと，「これは，恐いっていう感じ」と言う。

しかしここで，F 氏は戸惑うような表情になり，「何か違う感じが出てきてるんですよ」と言う。「感じだけが先に変わったので，何かわからないん

ですけど，安心な感じも出てきているんです」と報告し，「はー，何だろう」と沈黙してその感じを探っていった。そして「何か，主導権をもっている感じかな。何か変な感じ。これ，ちょっとわからない」と語る。

　ここで筆者から，〈さっき（ステップ1で）セラピストとしての感じを感じたときに3つ目に出てきたものと，僕のなかでつながりを感じてしまったんだけど〉と問いかけた。F氏は沈黙して確かめた後，「いや，こっちの方がツワモノですね。"温かい"とかいう感じのものではないですね」と言い，「何かもっと，『どうだ！』みたいな，『勝ち！』みたいな感じ」と語る。筆者が〈主導権って言ってたよね〉と応じると，F氏は「そんな感じ。さっきの罪悪感みたいなものとは裏腹な感じ。急に出てきたから，まだよくわからない」と言う。

　ここまでで，クライエントの感じていることを想像する作業は十分と感じられたようで，F氏はもとの椅子に戻ってみたいと言う。そこで，その感じをその椅子に置いたまま，F氏はもとの椅子に戻った。

　もとの椅子に戻ると，F氏は「僕，何にイライラしているのか，ちょっとわかった気がしますよ」「彼（クライエント）が回りくどいことにイライラしていると思っていたけど，そうじゃないかもしれない。さっきの何かわからないものが見え隠れしているのがイヤな感じがしていたのかもしれない」と言う。そこで筆者から，〈「主導権をもっている」とか，「勝ち」とか言っていたよね。それは2人の間の関係での彼の何かなんだろうか。少なくともイライラしているセラピストとしては，それを感じているわけだよね〉と問いかけた。

　F氏は沈黙の後，「うん，そうかもしれない。あーそうか，なるほど。クライエントは一見なよなよして喋っているんだけど，けっこうしたたかかもしれない。彼のペースなんですよね，全部。共同作業になっていない感じ。クライエントと僕がこうやっている感じ（対立しているしぐさ）が，いちばんぴったりかもしれない。それがイライラするのかな」と語った。〈それがぴったりきそう？〉と確認すると，Aさんは「うん。納得した感じがする」

と言う。

　そこで筆者から,〈共同作業になってなくて,どうなっている感じだろう？〉と問いかけると,F氏は沈黙して感じた後,「うーん。彼は彼の主張をしてくる,そして僕は僕の主張をするような感じになっているんだ」「(彼に対して自分が)すごく主張したがっている。僕の感じを彼にわかってほしいんだな。(セラピストとしては)変な話だけど」と言う。〈最初に言っていた"イライラ"とか"イイー"っていう感じは,やっぱりそれ？〉と尋ねると,「うん。最初にそれを表現したときに少しすっきりしたのは,僕はそれを言いたいんだけど,我慢していて言えていない。それでどうしていいかわからなくて,イライラが起きていたんだなって感じる」と語る。そしてさらに,「で,向こうはやっぱり同じ主張を繰り返している。主導権はクライエントの方にある気がする。うん,すごく納得する」と言う。

　ここで筆者はセッションの進め方について,〈2人の間で起こっていることはだいぶはっきりしてきた感じがするけど,それでOKなのか,それともこれからのクライエントへの接し方も感じてみた方がいいのだろうか〉と尋ねた。F氏は「新しい何かが欲しいなって思う」と言う。そしてF氏の希望で,別の新たな椅子に移って感じてみることになった。

　新たな(第三の)椅子に移ったところで,〈それは何の位置だろう？〉と尋ねると,F氏は「スーパーバイザーのような位置。傍観者でもなくて,お互いにとっていいことは何だろうと見てあげたい位置だな」と言い,「ここは楽。からだからスーと力が抜ける感じ。今まで,よっぽど窮屈にそこ(セラピストの椅子)に座っていたんだなあ」と語る。

　〈今の位置からはセラピストがどう見える？〉という問いかけには,「ものすごく頑張っている感じ。一生懸命やっている感じ。でも,(2人の関係としては)こりゃラチがあかないなって感じがする」と語り,「何か,すごく責任をとろうとしているのかもしれない」と言う。そして「でもそれは,向こうにとっては,そんなに問題じゃないんだろうな」と語るので,〈クライエントとしては,責任をとってほしいわけじゃない？〉と尋ねると,「何て

（セラピストの自分に）言ってあげたらいいのかな。『あるべきところに，すべてあるように』したらいい気がする」「決めていくこと，歩んでいくことの責任というか，自分で自分の歩みをすることは，みんなクライエントのところに，あるべきところに行って」と語る。さらに，「クライエントが困っているのはそんなところじゃないのに，こちらが責任をとろうとしているのかもしれない」「違う部分で責任をとっているのかもしれない」と言う。

　筆者はここで，〈クライエントが面接に来ていることとはちょっと違うところでセラピストが責任を感じていたら，逆に，クライエントが面接に来るもとになっている部分が見えにくくなるかもしれんよね〉と伝えた。するとF氏は，「僕，そのテーマがもしかすると，いちばん最初の3つ目に出てきたテーマ，クライエントの持ち込みたいものってそんなものじゃないかなって思う。そういう一体感，ボワーっとした」「あんな感じをクライエントは求めて来ているんだろうなって思うと，ものすごく納得する」と語る。

　そして「イライラすることで，それに触れなくて済んでいたのかもしれないな」「でもそれだと，延々とその世界が続くだけで前に進まないと思う。本来扱われ，話題にすべきことは，その前の一体感の問題だな」と言い，「ちょっとビックリ。そんなふうになっていたとは，始める前には思えなかった」と述べる。

　以上の経過で，F氏の理解はかなり進んだことが窺われた。そしてセッションを終えるにあたって，最後に，はじめのセラピストの椅子に戻ってみることになった。そこに戻るとF氏は「帰ってくると，また新しい感じ。自分一人でやっていたんだなって。改めて『お疲れさん』って感じがします」と言う。そして先ほどまで座っていた椅子を指しながら，「こんな（スーパーバイザーのような）人がいたら，自分はずいぶん助けられるなって思う」と述べる。〈これから，どんな感じで（心理療法を）やれるなら，と思うかな？〉と尋ねると，3つの椅子全体を指しながら，「このシチュエーションは安定する感じで，安心感がある。全体が柔らかく包まれているような」と言い，「次回の面接のときは，ちゃんとこれ（スーパーバイザーのような立場の椅子）

が僕の隣に座ってくれそう」と語った。その後，このセッションは終了する方向に進んでいった。

3．F氏の感想

F氏から，セッションの1カ月後に感想をいただいた。それを簡略にまとめると，以下の3点であった。

第一に，その後の面接では，セラピスト（F氏）が情緒に巻き込まれてしまうことが減った。しかし感じがなくなるのではなく，やんわりと確かに感じているので，問題から離れてしまわずに傾聴しやすくなった。

第二に，その後クライエントから自発的に，人との主導権をめぐる話題が語られ，セッション中に感じたこととの類似性に驚いてしまった。

第三に，スーパービジョンと比較すると，スーパービジョンの後はクライエントの話の背景や意味についての理解が深まり，話の内容がすっきり理解できるようになるのに対して，セラピスト・フォーカシングで捉えられる感じは，セラピストとクライエントの間の関係を反映したものであり，それを言葉で指摘されるのではなく体験的に理解するのが新しいし，面接に活かしやすい。

4．F氏にとっての本セッションの意義

(1) クライエント―セラピスト間に生じた関係についての体験的吟味

F氏は，ある事例において「行き詰まり感がある。受容できず，感情的な応答が増えているような気がする」とのことで，このセッションを行うことになった。

まずステップ1で，自身が面接中にクライエントについて感じていることを確認すると，1つ目として「イライラ感」，2つ目に「力が入ってイイーッとなる」感じが確認され，3つ目には「からだの奥の方にホワーと温かいのがある」「僕の苦手な感じかも。自分と他人の境界が溶け合ってしまうような何か」が感じられた。

続くステップ2の話し合いでは，F氏から，自分の感じているイライラの質を確かめたいが，その前に「僕がイライラしていることをクライエントはどんなふうに見ているのかを感じてみたい」という申し出があり，別の椅子に座って感じてみることになった。
　ステップ3においては，まず別の（クライエントの立場の）椅子に座って，クライエントが感じている（とF氏が想像する）ことを感じた。そこでは，「恐い」という感じに続いて，もうひとつ，「主導権をもっている感じ」が浮かんだが，それが何なのか「まだよくわからない」感じが残った。
　その後にもとの椅子に戻り，F氏自身の感じを感じてみると，先ほど「（クライエントが）主導権をもっている感じ」として感じられたものに対して，自分がイライラを感じているようだ，ということがはっきりしてきた。クライエントとF氏がお互いに（暗に）主張し合うような対立的な関係になっていること，そして主導権は常にクライエントの方にある，という面接場面における両者の関係の様相が体験的に確かめられていったのである。
　そのような両者の関係の現状が確認された後，F氏はそこに「新しい何かが欲しいなって思う」と言う。そして，別の新たな（第三の）椅子に移って感じてみることになった。その椅子は「スーパーバイザーのような位置」と感じられるものであったが，そこに座ってみると，現在の両者の関係の様相を別の視点から感じることが可能になった。
　その位置から見るとF氏には，セラピスト（これまでのF氏自身）は「ものすごく頑張っている感じ。一生懸命やっている感じ」だが，両者の関係としては「ラチがあかないな」と感じられた。そして（セラピストである自分は）「責任をとろうとしているのかもしれない」「責任というか，自分で自分の歩みをすることは，クライエントのところ，あるべきところに行っ」たらいい，「（クライエントの困っているところとは）違う部分で責任をとっているのかもしれない」ということが思い浮かんだ。そして〈（それだと逆に）クライエントが面接に来るもとになっている部分が見えにくくなるかもしれんよね〉という筆者の言葉に対して，「そのテーマがもしかすると，いちば

ん最初（ステップ1）の3つ目に出てきたテーマ，クライエントの持ち込みたいものってそんなものじゃないかなって思う」「一体感，ボワーっとした」「あんな感じをクライエントは求めて来ているんだろうなって思うと，ものすごく納得する」と語った。

　このような経過により，両者の関係において，セラピストは責任をとろうとしているがクライエントの求めているものはそこにはないようだ，という新たな側面が明らかになると同時に，それまでF氏の目があまり向いていなかった別の側面（クライエントが"ボワーとした一体感"を希求していること）が浮かび上がってきた。

　そしてセッションの最後では，はじめの椅子に戻ってみることで，「次回の面接のときは，ちゃんとこれ（スーパーバイザーのような立場の椅子）が僕の隣に座ってくれそう」と感じられ，セッションを終了することになった。

　以上のようなセッションの展開のなかでF氏は，自分とクライエントとの間に生じている関係の様相を，自分自身の体験を通じて吟味し，明らかにしていくことができたと考えられる。心理療法面接において，クライエントとセラピストとの関係がどのようなものになっているのか，それが果たして心理療法の進展につながるようなものになっているのかどうかは，セラピストが常に目を留め，振り返って考えておく必要のあることである。しかし，セラピスト自身が面接関係の内側にいるため，その様相に気づくのはなかなか難しい。常にそこに目を向けてはいても，いつの間にか気づかないうちに，奇妙で不自然な関係に陥り，そのなかでふるまってしまうことになりがちである。筆者自身，さまざまな事例において，そのことを経験してきた。

　そのようなとき，関係の外側にいるスーパーバイザーからの目線は重要である。スーパーバイザーは，臨床経験が豊富という資質においてだけでなく，関係の外側にいて，面接関係を眺められる立場にあることで，セラピストに有益な示唆を行うことが可能な存在だと言うことができる。

　しかし，セラピストとして成長していくうえでは，このスーパーバイザーとしての目線をセラピストが自分自身の内側に育てていくことが大切である。

セラピストとして仕事をしていくうえで，当初はスーパーバイザーの存在は不可欠であるが，必ずしもすべての事例について，いつでもスーパービジョンの機会を得られるわけではない。セラピストとして自立した存在になっていくためには，事例の経過のなかで，「何か不適切な関係になってしまっている」と自分自身で気づき，それを検討し，軌道修正を行う能力が必要になる。

そのための手掛かりになるのは，自分自身の感じているフェルトセンスである。それを出発点にして，セラピストはクライエントとの関係の様相を吟味していくことが可能になる。セラピスト・フォーカシングは，セラピストが自身の内側にスーパーバイザーの目線を育てていくうえでも有益な方法であると言うことができるであろう。本節に示したF氏とのセッションは，その具体例と言うことができる。

この意味で注目されるのは，ステップ1のところで感じられた3つ目の感じ（ボワーとした一体感）が，ステップ3での吟味のなかで，クライエントがセラピストに求めているものはそれかもしれない，というかたちで再浮上してきたことである。この「ボワーとした一体感」は，ステップ1でセラピストのF氏に感じられたフェルトセンスであったが，それはステップ3の展開のなかで，クライエントが希求している関係のあり方であるようにF氏に感じられていったのである。セッションを振り返ってみると，ステップ1においてもF氏はこのフェルトセンスについて，「自分のなかにあるけれども，自分のものということでもないかもしれない」「もしかすると僕の苦手な感じかもしれませんね」と語っている。

このように，このフェルトセンスは，心理療法面接での関係を基盤にして，クライエントの感じているものがセラピストに伝播し，セラピストのなかに押し込まれていたものではないかと考えられる。第5章に示したCさんとのセッションにおいても，これと同様の現象が見られた。セッションの経過のなかで，セラピストに感じられているフェルトセンスが，実はクライエントが感じているものを反映していたと気づくような現象である。セラピスト・フォーカシングにおいては，時折このような展開が起こることを筆者は経験

してきている。

　このことから言えるのは、セラピストが自身のフェルトセンスを吟味していくことは、クライエントが暗に感じ、暗に表出していることを理解するための道筋にもなるということである。セラピスト・フォーカシングは、セラピストが自分自身のあり方についての理解を深めるためだけでなく、クライエントについての理解を深めるためにも役立てることができると言えるであろう。

(2) 別の椅子に移動して感じる方法

　このセッションにおいて特徴的なのは、F 氏が別の椅子に移動して感じることを繰り返したことであろう。これは F 氏自身からの提案に応じて行われたものであり、当初の椅子（セラピストとしての感じ）、第二の椅子（クライエントとしての感じ）、第三の椅子（スーパーバイザーのような立場）を移動しながら、それぞれの感じを味わうかたちで、セッションが進んでいった。

　このような手順は、ゲシュタルト療法（倉戸, 1989）で行われるチェア・テクニックを思い出させるものであるが、この方法は、フォーカシングの感じ方に慣れていないと難しいかもしれない。それぞれの椅子に座って、別々の立場でのフェルトセンスを感じ分ける方法だからである。しかし慣れてくれば、「自分はどう感じているのか」「相手はどのように感じているのだろう」「離れた位置の第三者の立場からはどのように感じられるだろう」ということを、まぜこぜにせずに区分けして感じるのに有効なやり方であると考えられる。少なくとも F 氏にとっては、有効なやり方であった。

　近年、心理療法で用いられるさまざまな技法をフォーカシングとジョイントするような方法の提案が多くなされている。ジェンドリン自身（Gendlin, 1996）も、心理療法を統合するかなめとしてエクスペリエンシングを位置づけており、ある技法を実践しながら、それ自体の道筋を保ったまま、フェルトセンスを扱うことを勧めている。それによって心理療法の統合的視点を見

出せると考えるのである。

　セラピスト・フォーカシングの実践においても，まずこの方法に習熟したうえでだが，各自が自分の学んできた他の技法をこのなかに持ち込み，自分に合った方法を考案して工夫していくとよいだろう。自分に触れ，自分に向き合うのに適した，自分のための方法を作っていくのは楽しい作業になると考えられる。

＊本節は，日本人間性心理学会第21回大会（神戸女学院大学　2002年）のラウンドテーブル「人間性心理学と精神分析の対話——セラピストの〈感じ〉とあり方をめぐって」で発表し，その後，拙稿「対人援助職を援助する——セラピストフォーカシング」（村山正治編集『現代のエスプリ別冊　ロジャース学派の現在』至文堂　2003年　184-192ページ）に掲載したセッション例をもとに，大幅に加筆修正して新たに書き改めたものである。本セッション例のフォーカサーである福盛英明氏には，本方法について日頃から多くの示唆をいただいていることを記して，感謝申し上げたい。

第7章 職場におけるセラピスト体験を吟味したセッション例

　特定の事例についてではなく，ある職場でセラピストとしてさまざまな事例を担当するなかで感じている体験について，セラピスト・フォーカシングを行うことを希望するセラピストも多い。「この職場」とか「この職域」におけるセラピストとしての「私」の体験についてのフォーカシングである（第4章に述べたAさんとのセッションも，その一例と言えるであろう）。セラピストとして自分自身が感じている体験は，職場でいろんなクライエントと心理療法面接を行うさいの背景に暗に存在し，面接過程にも何らかの影響を及ぼしていると考えられる。

　このため，「ある職場でのセラピストとしての私」をテーマにしたセラピスト・フォーカシングは，特定の事例についての体験をテーマにして行われるものと同じくらい，セラピストにとって有益であるように思われる。

　そこで本章では，そのようなセラピスト・フォーカシングのセッションを取り上げて，検討していくことにしたい。以下に，セッションの背景を簡略に示した後，セッションの経過を逐語的に報告する。そして，このセッションについてのセラピスト（Gさん）による考察，およびリスナー（筆者）による考察を示すことにする。

1．フォーカサーのGさんの概要と状況

　本章で取り上げるセッションで，フォーカサーとして内省を行ったGさんは，10年ほど前から継続してフォーカシングの経験をもっている。筆者とのセラピスト・フォーカシングは，1〜2カ月に一度のペースで継続的に

実施してきた。

　以下に論じるのは，その第8回目および第9回目のセッションである。第7回目までは，Gさんが自分の担当事例のなかから扱いたい事例（毎回異なる事例）を選び，その事例についてフェルトセンスを吟味するかたちでセッションを行ってきたが，第8回目，第9回目では，Gさんの勤務状況の変化により，職場において自分自身でコントロールができない違和感を抱えていたため，それについて取り上げることになった。

　この2回のセッションを行った時点でのGさんの臨床経験は5年目である。それまでの4年間は学校臨床と病院臨床を非常勤で掛け持ちしていたが，5年目の4月より，病院臨床のみになっている。

2. 2回連続セッションの経過

1. 第8回目のセッション

　Gさんより，これまでの4年間は病院が独特とは思っていなかったが，本年4月からスクールカウンセラーを全部やめて病院臨床だけになり，病院の独特さを感じていること，今の時点（6月）ではそんなに感じなくはなったが，4月はそれに圧倒されていたことが語られた。そして，「何か違うという違和感がある。それを取り上げたい」という希望がGさんから出された。

　4月からの具体的な勤務状況は，重篤な身体疾患を扱う専門病院が週2日，総合病院が週1日，精神科病院が週1日であることも語られた。Gさんは，「精神科ばかりじゃないから，精神病レベルの人だけに関わるのではないから大丈夫かなと思っていたけど，やっぱり中学校の生徒さんたちの健康さとは違う。その健康さに触れて自分自身の感覚が戻るときがない」と言う。

　そこで今回は，特定の事例についてのフェルトセンスを感じていくのではなく，病院臨床を行うセラピストとしての体験に関してのフェルトセンス，「言葉にならない違和感」を感じるところからセッションを始めた。

　しかしこのセッションでは，「巻き込まれている，疲労感，どしっとする，

ちょっとだるい」という感じはあるものの，なかなか言葉にならず，感覚が拡散し，感じていることが分からなくなっていった。オーソドックスにフェルトセンスをゆっくりと感じる作業をすると，わからない感じに関して「どこから手をつけていいのか」とか，「定まらない」，「ぼわーっとしている」というように，わからないなりにその感じに触れることはできた。そして違和感として感じられていることが，「馴染んでいない，馴染まない方が意味がありそう，でもその意味がはっきりしないから気持ち悪い」というように進展していった。「病院の感覚に引きずり込まれそう，巻かれる感じがする」と，自分の体験の自律性が失われそうな危機感を感じていることがはっきりしてきた。

しかしながらこのセッションでは，ぼんやりとしたままではっきりと何かを捉えることはできなかった。そして「病院に心理士がいる意味をはっきりさせたい」という手掛かりを残して，2週間後に再度セッションを行うことになった。

《終了後のフォーカサーの感想》
「やはり自分のなかの違和感を言葉にできないもどかしさと，その感覚の強さを感じ，できればこの感じを大切にして言葉にできたら，自分の臨床を考えるうえで大切なものが出てくるような気がした。ただ，このセッションではそれがつかめず，気持ちの悪さは残った」。

2. 第9回目のセッション

およそ2週間後に再度同じテーマでセッションを実施した。始める前にGさんは，この2週間で考えたことなどを報告した。この2週間はこのテーマについて，前ほど切迫した気分はなかったが，病院臨床のみを仕事にすることにどうして違和感を覚えているのかを考えてきたとのことであった。それは，第一に「区切りがないこと」，第二に「（対象が）みんな病気の人や病気を抱えた家族であること」，第三に「（自分自身が）常に病院にいて，ずーっ

と気を張っていること」であった。この3点について対話を行うかたちで，本セッションが始まった。

セッション中，Gさんは開眼していることが多かったが，フェルトセンスに触れようとするときには自然と閉眼した。

以下に，逐語記録を記載する。記録中，（　）はやりとりの相手方の短い発話，［　］は補足的な説明や記述である。

Gさん：何かこの3つに関してはですね，何か大事なものということでもないのかなと思う。ただの違いというか。私がワサワサする原因というか。前回のセッションで言っていたことを考えると，病院色に染まってしまわないようにすることは大切な感じがする。（なるほど）だけど，具体的に挙げた3つは，またそれはそれで違うかな，という気はしますけど。

筆　者：ああ。じゃあそういう意味では，この3つ挙げたことが直接結びついているというわけではない？

Gさん：前回感じたのは何かごちゃごちゃしていた。たぶん今言った3つのことと，でも心理士が病院のなかにいる独自性みたいなところを大切にする，ということとの両方があった気はしますけどね。（ああ）どっちもが混ざって，「わからんわからん」って言っていたように思う。

筆　者：そうね。そうかそうか。前回ごちゃごちゃするかたちで感じていたなかには，今挙げた3つのことも入っているし。

Gさん：そう。入っていて。で，心理士として病院にいる意味みたいな，大切な部分も入っていて。それが4月に環境的にどーんと押し寄せたから，私はずっとワサワサしていたのかなーって思う。

［中　略］

筆　者：この3つはそれぞれ大事な点だと僕も聞きながら思うんだけど。でも確かに特徴というかね。

Gさん：特徴ではありますよね。

筆　者：だよね。これにプラス，心理職の独自性という文脈から見たときに，それは何なんだろうね。

Gさん：前回も言ったみたいに，いろんな臨床の場に行って，いろんな人に会っていて，その風を送り込めるといいなと。（うん）例えば病院で，子どもさんのいるお母さんががんになっているときにカンファレンスがあったとすると，学校でも親が病気の子どもがいて，その反応とか対応を知っていると，学校臨床で経験したことが病院臨床にも言える，というみたいにね。それは去年の私の働き方の特徴みたいなものだったんですけどね。きっと。

筆　者：ああ。両方に行っていたから。

Gさん：両方に行っていたから。外の風が入るというのは，学校もそうですけど，病院にとっても，ある意味，良いことなんですよね。風を送れるというか，違う視点が入るというか。（うん）

［沈　黙］

筆　者：今僕が考えているのはね，このことをあなたが考えていくのに，何についてのフェルトセンスを感じたらこの辺のところを感じやすくなるかなって。（そうね）それを今考えていたのよ。それで，今僕が思っているのはね，風を送り込めるような状態のときのフェルトセンスと，病院のなかに浸かってしまって風を送り込めなくなっている状態のときの自分のフェルトセンスというか。（ああ）その違いみたいなものを感じてみると，何かの手掛かりになるかなあ，というふうに今思ったんだけど。

Gさん：そうね。何か前回，自分の感覚が薄められるような感じがして，すごく嫌だった覚えがあるんですよね。（薄められる？）自分の感じがこういうふうにあるんだけど［両手で小さな円を作る］，病院という場所にずーっといることで，このなかが病院の色に染められる，脅かされる感じがして，嫌なんですよね。そして，そ

れはよくないと思うんですよ。(ふうん) だけど何か放置していたら，いつの間にか病院の色に取り込まれる感じがある。これはこれっていうふうに［別々に］していた方が，「何か外から新しい視点を」と言われたときに，それを言えるんだけど……。これ［小さな円］が［もうひとつの大きな円に］取り込まれる感はありますね。相手は大きいからですね。

筆　者：あの……その辺をもうちょっと，どうかなあ。こう，風を送り込める状態のときは，どうなのだろう？

Gさん：何かこう，これ［自分の感じの小さな円］っていうのがあるんです。

筆　者：うん。自分のなかに？（そうそう）

Gさん：でも何かこれは強い感じじゃないから，強い感じにしていけるといいんですけど，まだ今は強い感じではないので，何かドーッと来られたら染まってしまいそうな。(ああ) 取り込まれてしまいそうな。そして，こっち［小さな円］はぼやーっとした色で，こっち［病院の色の大きな円］は濃い色みたいな感じで。(ああ) 何か，濃い色のなかにあっても［自分の感じの小さな円は］在るはずなんだけど，見えなくなるって言うか。一応居るんだけど見えません，みたいな。

筆　者：居ることは居るわけね。

Gさん：うん。居ることは居るんですけど，見えなくなる。見えなくて，抜け出すのは大変な感じがするんですよね。これ［自分の感じの円］を濃い色にすれば見えてくるんだろうけど，濃い色にするのがけっこう大変で。

筆　者：なるほどねえ。今そこにあるのは，ぼんやりした色なの？

Gさん：そうですね。ぼんやりした色です。

筆　者：ああ。ぼんやりしたっていうのは，色もはっきりしないの？　それとも淡い色なの？

Gさん：あんまりどんな色っていう感じはなくて，淡いというか。何かが

　　　　上に被さったら，見えなくなるっていう色。でも今そう言ってみたら，やっぱり色はきっとあるよね，という感じはしますね。（ああ）あるはずなんだけど，つかめていないというか。きっと色はあるんですけど，色を感じられていない気がする。だけど淡いということは確かな気がする。
筆　者：ほんとだね。
Gさん：淡いからいいような気もしますけどね。ここ［自分の感じの円］があんまり強すぎてもいい感じはしない。こんなの［病院の大きな円］に，うまく出入りできたらいいんだろうなあって。（あああー）今は取り込まれたり侵食されたりするので。そうじゃなくて，ちゃんとこれはこんな色で，今はこんなふうに取り込まれて見えないけれど，でもあって，［そこから］出ようとすれば出ることができて。コントロール感があるといいような気がします。
筆　者：そのコントロール感をもてるためにもなんだけど，自分で，その色がどんな色なのかがはっきり見えている方がいいのでは。濃い色が被さってきたときに，自分のなかで，はっきりしていないと見えなくなるもんね。淡い色なんだけど，こんな色だなーっていうのを自分のなかで忘れないというか。
Gさん：そうそう。その感覚は大事な気がする。……うーんそうねえ。かと言って，どんな色がいいという感じでもない気が。どんな色がいいって，つかめていないからそう思うのか，どんな色がいいっていう感じもない気がするけど。うーん……。
筆　者：僕もどんな色なんだろうって聞こうとしたんだけど，あんまりどんな色がいいっていうことでもないの？
Gさん：何かふと思い浮かんだのはですね，いくつかあるんですけど，自分が好きな色っていうか，淡いベージュのようなピンクのような淡い色っていいな，と思ったんですけど，それはただ単に私が好きな色であって，そうじゃない，と思ってですね。そしたら，池

の色，汚い池の色が，ちょっと何となく，私自身は好き［な色］ではないんですけど，そんな色という感じ。今のところ。

筆　者：池の色？

Gさん：何ていうんですか？　この間，公園の花ショウブの池のところに行ったら，スケッチをしている中学生か高校生がいて，その人が画用紙にのせていた色があるんですけど，そんな色が今の色にぴったりする気がする。何色って言うんですかね。緑の，クリアな緑じゃなく，それに白と黒をちょっと混ぜて，青も混ぜるみたいな。イメージが湧かないですかね。

筆　者：どういう色かというのは何となくあれだけど。

Gさん：何でその色が今，しっくりくるのかわからないけど。

筆　者：ちょっと濁っているよね。

Gさん：そうですね。クリアじゃないですね。（クリアじゃないよね）そんな色が意外とぴったりくる。何でですかね。わからない。

筆　者：へぇー。自分が好きな色というわけじゃなくて，濃い色が被さると見えなくなるけど，でも何か自分のなかで保てておくといいような，そういう部分？

Gさん：保てておくといい……保てておくといいと言うのは？

筆　者：濃い色が被さってきて見えなくなるんじゃなくて，病院という色が来ても，自分で出たり入ったりできるような色なんでしょ？

Gさん：ああ……。そうだけど。そこまでじゃなくてですね。今のところ，この感じ［両手で作る小さな円］が，こんな色っぽいなっていうくらい。（なるほど）はい［笑］，そうなれるかはわからない。

筆　者：わからない，はい。［セッションの］先を急ぐなっていう［笑］。

Gさん：［笑］一応，この感じ［両手の小さな円］の色が，今のところそんな色だなーっていう感じです。

筆　者：ああ。当面それだけでもいいんじゃないかな。

Gさん：まあね，一応ね。

筆　者：うん。でも何か僕も聞いていて，意外な感じがするんだけど。
Ｇさん：そうですね。私も意外な感じだった。
筆　者：でも，割とぴったり？
Ｇさん：そう。言っていて，ぴったり。
筆　者：へぇ。何かその辺，ちょっとフォーカスできる？　その色。
Ｇさん：その色でしょ。うーん。［目を閉じる］うーん，その色ねえ。何だろうなあ。……何かでも，いい感じですよ，その色。（何か，いい感じ）いや，いい感じって言うのも何か微妙なんですけど。何かですね，そのくらいの色だったら。（うん）あの，何て言うのかな。そういうくすんだ，ドブの色じゃないですけど，くすんだ色だったら，よっぽど黒とかが被さってきたら危険だけど，ある程度の色だったら被さってきても，一応何となく，主張はしてくれそうな感じがする。
筆　者：へぇー。
Ｇさん：何か，混ぜても混じらなさそうじゃないですか。緑とかが入っているから。（ああ）ちょっとわかんないけど，何ですかね。
筆　者：こういうことかな？　この色だったら，相手の色が被さってきたときに，相手に汚染されるのではなくて。
Ｇさん：全部べたっと，その色になるのではなくて。（うん）何かその色だったら，どんな色になるかはわからないけれど，見えなくなる可能性もあるけど，何となくちょっと相手にも影響を与えるような気がして。（ああ）［閉眼したまま］……だから，いい感じがするかな。
筆　者：ああ。向こうの方にも影響がね。（うん）うーん。その色だったら，そういう意味で，向こうに伝わる力があるというか。
Ｇさん：そうそう。何かちょっと影響する感じが，しないこともない。
筆　者：なるほど。白とかベージュだと。
Ｇさん：被さってこられたら，そのまま被らされそうな。

筆　者：ああ，なるほど。……ふーん。なるほどねえ。

Gさん：あ，そうそう。相手にとっての意外性みたいなこともいいかもしれないって，今思った。その色がこっち［病院の色の大きな円］の側からすると，「え？　そんな色？」みたいな。そんな点もいいかなって。

筆　者：ああ，意外性があるっていうこと？

Gさん：うん，そういう色。うん，私も自分で意外だったけれど。そんな色を思いついたことが。でもそんな色だったらいいかな。（ふーん）うん。

筆　者：今言っているその色だったら，相手の色が被さってきたときも，向こうにも影響がありそう？

Gさん：うん，ある程度ありそうな気がしますね。何かカーキみたいな色。カーキをもう少し薄くした色みたいな。

　［中　略］

Gさん：カーキをもう少し薄めたというか。で，少し透明感があるような感じなんですけど。（ふーん）その，見た色っていうのが水彩絵の具の色だったからなんですけど。その，池の色っていうよりは，高校生か中学生が描いていた，画用紙にのせていた色だったので。私にぴったりくるのはそんな色。

筆　者：なるほどね。

Gさん：何かふとイメージがわいたのが，看護師さんとか，"患者さんに寄り添って"というような人のイメージの色って，ピンクみたいな，柔らかいピンクというか，そういう感じの色を思いつくんですけど，それと同じ色になったら，決していい感じはしないんですよ。（あぁー）心理［職］として，同じように患者さんをサポートするスタッフではあるんですけど，それだったら居る意味が拡散するというか。それだったら看護師さんでいいじゃない，と思って。（なるほど）そんな気がして。

筆　者：ふーん。そうか，そのピンク色に比べると，もうちょっとどんなニュアンスがあるのかねえ。

Gさん：ピンクに比べると……控えめな感じ。バックにあるみたいな，後ろ。（ああー）ピンクが控えめじゃないかと言われると困るけど，そういう意味ではなくて，後ろから後方支援的な感じがしますね。それこそ，その絵を描いていた人は，最初にずっと下地を塗っていたんですね。で，そこにきっと花がずっと描かれていくんでしょうけど，そのいちばん下の，ベースの，単独で見るとあんまり綺麗じゃないけれど，あった方がいいという［色］。

筆　者：ベースにある色。

Gさん：そんな感じの色。

筆　者：そうか。そういう，バックにあって，後ろの方にある，そういう控えめさがあって，なおかつ，濃い色のものが来ても影響があって。

Gさん：そうそう。そういう色がいいな。そうですね，イメージはそんな感じ。具体的って言われると困るけど。

筆　者：ふーん。そうだね。でも前回よりはねえ，出てきたような気がするなあ。

Gさん：前回苦しかったもん。「わからんわからん」って，一人で「わからん」って。「あー何だこれは」って。

筆　者：そうね。いや，僕にもあなたが言っているニュアンスが，だいぶ具体的にわかってきた。

Gさん：よかった。

筆　者：なるほどね。病院というところに行ったら，すべてが病院だし，みんな患者さんだし，患者さんの家族だし，四六時中だし。濃い色がずっと被さってくるんだよね。

Gさん：そうそう。もう，建物から病院ですもんね。当たり前ですけど。病院でしょ。（そうだね）みんな病気だし。

筆　者：みんな病気だしね。で，スタッフはみんな病院スタッフだし。そ

のなかで自分が持ち込みたいものっていうかね，自分のなかで失われないだけじゃなくて，相手側に少し影響していけるものっていうかね。
Gさん：そうそう。うん。そうね。……何か，あんまり綺麗な色じゃないと思うけど，嫌な色でもないかな。……どうなんですかね。まぁそんな色かな，みたいな。
筆　者：嫌な色だったら，嫌だよね。
Gさん：何か，不思議な色ってくらいで。
筆　者：ほんとだね。
Gさん：昨日たまたま病院の廊下を歩いていて，関わっている患者さんが歩いていて，手を振ってきたから，こちらも手を振ったんですよね。その人は別の病棟の患者さんと2人で歩いていて，すれ違うときに，私とその人は知ってるから何となく手を振って「じゃあね」って話して，で，私のことを隣の人が「誰？」って言ったと思うんですよね。そうしたら私の関わってる人が，「いや，先生じゃないんだけどね」って言うのだけ聞こえたんですよ。その後,何て説明したんだろうと思ったんですけど。まあでも……。［中略］どうなんですかね。ちゃんと「私はこういう人です」って言うよりは，相手の色に合って，相手のいいように使ってもらえたらいいのかな，という感じもするし，それじゃいけないのかな，という気もするし。
筆　者：そうだね。まあ，周りが何色と呼ぶかは知らないけど，あなたのなかで「こんな色かな」っていうのをもてていると。
Gさん：ベースはそんな色で，相手に合わせていろいろ変わるっていう。(あーホントだね) そんな気がします。でも私，いろんな人によく「いったい何者なの？」って言われたりする。昨日病院内でコンサートがあったんですよ。で，私は音合わせを一緒に聞いていたんですけど，歌う人に「ピアノの先生？」って聞かれて，「いえ，心

理士です」って言うと,「へぇー。音楽療法士さん?」「いえ違います」って。もういいや何でもって[笑]。「まあそんな感じです」って感じで。一応,心理の担当なんだけど,まあいいやって。

[中　略]

筆　者：そうだね。何かあなたの言う「控えめ」の意味がわかる気がするよ。「患者だから悩みがあるでしょ?」と言うのも何か変だしね。

Gさん：子どもにとっては遊んでくれる人だし。大人にとっては年齢によって孫みたいになったり,子どもみたいになったり。考えていて悩んでいる人[患者]のところに[面接に]行くのはいいけど,「あんまり困ってないのよね。病気のことについて,あんまり考えたくないのよね」っていう人のところに行くのが困る。行っても,「何をしに来たの?」っていう感じで。「まあ楽しい話でもしましょうよ,気分転換に」って感じなんですけど。野球の話をしたり,韓国ドラマの話をしたり。でも「そんなんで,いいんだろうか」と思ったりもして。

筆　者：そうだよね。だから自分のなかで,自分の色みたいなものがちょっと見えにくくなりがちだし,外から被さってこられると,なおさらそうだろうしね。

Gさん：そんな感じですね。でも良かった。前回の「ああ,わからんわからん」って状態から,ちょっとマシになった気がする。

[この後,セッションは終了に向かったが,省略する]

《終了後のフォーカサーの感想》

「前回は全然言葉にならなかったものが,色で表現できたことがきっかけとなり,進んだので良かった。その後も自分のあり方がわからなくなったときはその色を思い出すことで,自分を立て直すことができるような気がしている」。

3. フォーカサーによる考察

セッションを行ってから数カ月後に，共著論文（吉良・白石，2008）を作成するために，Gさんにこのセッションについての考察を書いてもらった。以下に掲載するのは，Gさんによる考察の文章である。

1. 2回連続のセッションを振り返って

セラピスト・フォーカシングは，心理療法において意味をもつと考えられるセラピストの体験について，フォーカシングを用いて吟味する方法（吉良，2002a）である。この2つのセッションでは，特定の事例についてではなく，病院臨床において私が感じていた「言葉にならない違和感」について，フェルトセンスを感じていくことになった。自分一人で違和感について取組んでいた時には，何から感じたら良いのかさえわからなかったが，やはりリスナーがいることで，感じに一緒に取組んでもらえているような感覚があり，向き合えたように思う。

第8回目のセッションで取り扱った感じは，自分自身の問題というよりは，臨床現場でリアルに感じる何かであった。私は，よく摑めないがきっと何か大切なものが隠れていると考えた。なかなか言葉にならず，次回に持ち越しになったが，それは私自身の臨床においてのテーマに関することだったため，一度では収められなかったのだろう。

第9回目のセッションでは，病院の特徴に関して「区切りがない，病気の人ばかりで，ばらつきがない，どこにいっても病院で，常に気を張っているような感じ」だと述べ，それに関しては慣れていけそうであることを確認した。しかしながら，心理士としての独自性が自身でつかめないため「自分の感覚が染められるような気がする，脅かされる感じ，放置していたらいつの間にかとりこまれる」と，主体感覚が失われた状態になりそうな感覚をもっている。しかし，（セッションのなかで）色に関してのやり取りが始まり，分からない感じから，変化が起き始めた。言葉にならない

ものに関して，色という媒介があることで，少しずつぼんやりしたものがはっきりしていった。フォーカサーの中で意外ではあったが，ぴったりとした色が見つかり，その色を感じていくことによって，フォーカサーが臨床で大切にしている感じが浮かび上がってきた。

自分自身で考えても全然まとまらなかった感覚が，セラピスト・フォーカシングにより整理できたと考えられる。

2. 臨床で大切にしたい感じ

今回の2回のセッションを通して，病院臨床での心理士の立ち位置がどのくらいでいたら良いのか，心理(職)がどうあるべきか，心理(職)はどういうところを大切にしていけば良いかがテーマとなったように感じる。

自分自身が頭で考えていたときには感じられなかったことが，今回のセラピスト・フォーカシングにより，はっきりしてきた。「一応の主張，混じるけど混ざらない」「見えなくなるかもしれないけど，ちょっとは相手にも影響を与える」「相手にとっての意外性」「看護師さんとは同じではなく」「バックにあるような，少し後ろの方からの支援，控えめだけど，あった方が良い」「相手の良いように使ってもらえる」というように，心理士として（自分が）どうありたいのかが言葉になっていった。

病院は大きな存在であり，主張も強い。その中で一心理士として意味のある存在になるためには，自分自身できちんと自分の色を把握し，どんなに被らされたとしても，自分の色を忘れず，忘れないからこそ他の色にも合わせられるようになると良いのではないだろうか。今回のセッションで私は，臨床で大切にしているものを言葉にする作業ができたように思われた。自分の感覚がぼんやりしていると，周囲の影響力が強く，揺さぶられたときに，自律性を逸する。やはり，自分の中できちんと捉えていた方がコントロール感はアップする。そのため今回のセッションは，私の臨床にとってとても重要なものであった。時々周囲に圧倒され，自分自身がどうしていったら良いのか分からなくなるが，このセッションを思い出すこと

で助けになっている。

3. まとめ

特定の事例についてのフェルトセンスを感じていくセラピスト・フォーカシングも有効ではあるが，臨床現場で感じているフェルトセンスに触れていくセラピスト・フォーカシングは，感情体験を丁寧に確かめることで自己理解を促進していくことが可能であり，有用であった。セラピストに生じている体験をセラピスト自身が吟味する場（吉良，2002a）であるセラピスト・フォーカシングならではのメリットのように感じた。特に「こういう臨床家でいなさい」というような助言はないが，自分自身で自分に合う感覚を見つけていくことができる。主体感覚をきちんと持っていれば，ぶれても大丈夫であるように感じられる。とても支えられる感覚を得られた。

（以上，白石恵子氏による）

4. リスナー（筆者）による考察

この2つのセッションがセラピストにとってどのような意味で有益であったかは，上に掲載したGさんの考察から窺うことができる。そこで筆者は，セラピスト・フォーカシングの実践の仕方の特徴という観点から，このセッションについて論じていきたい。

この2つのセッションの特徴は，以下の2点にまとめることができる。第一は，特定の事例について扱ったものではなく，病院臨床という職域で心理士としてどのような立ち位置でいることが適切かというテーマを扱っている点である。第二は，手順として筆者が前章までに示したセラピスト・フォーカシングの3つのステップを踏んでいない点である。この2点について，以下に論じていきたい。

1. 職場におけるセラピスト体験の吟味

　筆者が"職場での心理士としての私"のあり方についてセッションを行うようになったのは，何人かのフォーカサーからの希望があったからであった。セラピスト・フォーカシングで何に取り組みたいかをフォーカサーが自分の内面に問うなかで，このようなテーマが現れてきたのである。筆者自身は当初，セラピスト・フォーカシングが固有の意義をもつのは，個別の事例についてのセラピスト体験を扱う場合だと考えていた。しかし，実際には上記のようなテーマが選ばれることが予想以上に多いことから，しだいにその大切さに気づいていった。

　セラピストは，個々の事例に向き合う前に，あるいはそれと並行して，それぞれの臨床現場に向き合っている。そこにはさまざまな職種のスタッフが存在し，その各人がそれぞれの個性を有している。クライエントの特性や状況も職域によってさまざまである。心理士は，そのような臨床現場で多様なスタッフと協力や連携を行いながら，職業人としての日常生活を過ごしている。個々のクライエントとの心理療法面接のなかで起こってくる体験よりも以前に，その前提になるものとして，セラピストはそのような日常生活での体験を生きていると言うことができるだろう。そして"心理士としての私"という体験は，何らかのかたちで心理療法面接に影響を及ぼしていると考えられる。

　したがって，そこに何らかの葛藤や納得しにくい感じが生じている場合には，個々の事例についての体験よりも前に，その前提ないし土台にあるものとして，"この職場での心理士としての私"の体験を扱う必要性が生まれてくると考えられる。このような体験領域について考えるために，**図7-1**を示す。

　この図7-1で，下の大きな円は"プライベートな個人としての私"の体験領域である。すなわち，個人としての生活を営む私人としての体験領域である。従来のフォーカシングでは，そこで問題と感じられることが扱われてきた。一方，上の小さな円は"特定の事例におけるセラピストとしての私"である。この体験領域で感じられていることについてセラピスト自身が吟味

[図：3つの円が縦に並び、上から「特定事例のセラピストとしての私」＝セラピスト・フォーカシングで扱われる領域、「職場での心理士としての私」（破線の円）、「プライベートな個人としての私」＝従来のフォーカシングで扱われてきた領域]

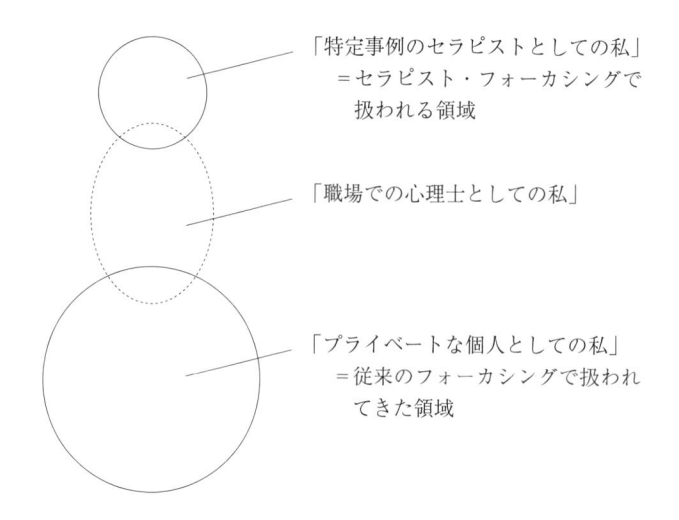

図7-1　3つの体験領域とセラピスト・フォーカシング［吉良・白石（2008）より］

出典：吉良安之・白石恵子（2008）フェルトセンスを手掛かりにした臨床現場での心理士としての立ち位置の吟味．学生相談（九州大学学生生活・修学相談室紀要），10, 76-85. p. 83

していくのが，セラピスト・フォーカシングである。

　これに対して，本章で扱われたのは"職場での心理士としての私"の体験領域である。それは，上に述べた2つの円の中間に位置づけることが可能であろう。この体験領域は，一部は下の大きな円に重なり，別の一部は上の小さな円に重なっている。プライベートな私の体験にもつながり，また特定のクライエントとの面接過程での体験にもつながるような，両者の中間領域と言えるからである。この中間領域の問題については，従来のフォーカシングのなかで，その延長として扱われる場合もあったであろうし，また本章で論じたように，セラピスト・フォーカシングのなかでそれを扱う場合もあると言えそうである。

　破線で示したこの中間領域のうち，"プライベートな個人としての私"に

心理的距離が近いものは，従来から行われてきたフォーカシング実践のなかで問題として取り上げられることがあったと考えられる。例えば，フォーカサーがたまたま心理士であった場合に，職場での諸問題が扱われたり，あるいは自分が心理職を営むうえでの諸問題が扱われるなどである。

一方，"特定事例におけるセラピストとしての私"に距離が近いものは，セラピスト・フォーカシングを行うなかでテーマとして現れてくる。本章に示したGさんのセッションは，そのような例と言うことができる。Gさんが述べているように，この2つのセッションでは「病院に心理士がいる意味をはっきりさせたい」「病院臨床で心理士がとるべき立ち位置を考えたい」ということがテーマに取り上げられた。これは，Gさんが病院においてセラピストとしてさまざまなクライエントに関わるうえで，基底にあるテーマであったと言えるであろう。

2. 本セッションの実施手順について

セラピスト・フォーカシングの実践例として前章までに紹介したセッションのうち，第4章の2つの例はステップ1の「全体を確かめる」のみを行ったものであり，第5章と第6章で紹介した計4つの例は，「全体を確かめる」，「方向を定める」，「フェルトセンスを吟味する」の3つのステップを順に行ったものであった。しかしこの章で紹介したGさんとのセッションでは，この手順は踏まれていない。本章のセッション例は，ステップ3「フェルトセンスを吟味する」のみを行ったものと言うことができるであろう。つまり，「全体を確かめる」と「方向を定める」の2つは省略されたのである。

それはなぜかと言うと，Gさんは"自分のなかに不明瞭だけれども，吟味したいものがある"と感じており，それを抱えてセッションに臨んでいたからである。Gさんは"それについて吟味したいのだが，それをどのようにフェルトセンスとして捉えてエクスペリエンシングを進めていったらいいのかわからない"という状態にあり，その道を模索していた。そして第8回目ではそれがうまくいかず，次の第9回目では色彩という媒介を発見したこと

によって，ようやくそれを明示的にしていく道を進むことができたのである。そのような姿勢でセッションに臨んでいるフォーカサーに対して，もし「全体を確かめるところから始めよう」という方向づけを行ったとしたら，それはフォーカサーにとって，とても遠回りな印象を与えたのではないだろうか。

　ステップ1の「全体を確かめる」は，それ固有の意義を有している。もっとも重要なのは，フォーカシングに必要な体験的距離を確保したうえで次のステップに進む，という意義である。したがって，もし仮にGさんが，フェルトセンスからの体験的距離を保てないために道を見つけられない状態にあったとしたら，上記の3つのステップを丁寧に踏むことが有効であっただろう。しかし筆者はリスナーとして，あまりそのようには感じなかった。そこで，本章に示したような流れで進むことになった。

　セラピスト・フォーカシングに限らず，フォーカシング全般に言えることは，手順を身につけることは大切だが，実践においてはそれにとらわれず，自分自身の体験のプロセスが進んでいくには何が必要なのかを捉えていくことである。セラピスト・フォーカシングを学び始めたばかりの人はその判断が難しいかもしれないので，まずは手順を踏んだかたちのセッションを繰り返し経験するのがよいだろう。しかし，フォーカシングの感じ方，体験の仕方に慣れてきたら，3つのステップという手順にはこだわらずに，自分自身の体験を進めていくのに必要と感じられることを大切にしてセッションを行っていただきたい。リスナー役をとる場合においても，ことさら手順を踏むことにとらわれる必要はない。それよりも，フォーカサーの体験のプロセスが進んでいく道筋を見つけることが重要なのである。

＊本章は，吉良安之・白石恵子「フェルトセンスを手掛かりにした臨床現場での心理士としての立ち位置の吟味」(「学生相談　九州大学学生生活・修学相談室紀要」第10号　76-85ページ　2008年)に，一部加筆修正を行ったものである。

第8章 フォーカサーとリスナーの人間関係

　第4章から第7章において，セラピスト・フォーカシングのさまざまな実践例を紹介してきた。第4章ではステップ1「全体を確かめる」のみを行った2つの例，第5章では若手セラピストと個別事例についての吟味を行った1例，第6章では3人の中堅セラピストとそれぞれ個別事例について吟味を行った3例，そして第7章では職場におけるセラピストとしての自身のあり方について吟味を行った1例を紹介した。

　これら全部で7つの実践例を読みながら，読者の方々はどのような感想をもっただろうか。また，自分がフォーカサーとしてセラピスト・フォーカシングを行うとしたら，どのようなテーマについての自身の体験を吟味したいと考えたであろうか。

　この方法を実践する場合，自分一人で行うのはなかなか難しい。自分の体験に触れながら語り，語りながら自分の体験に触れていくようなやりとりのなかで，プロセスが進んでいくため，リスナーが横にいることは大変重要である。傾聴してくれる人がいて，自分の感じていることを語る場を与えられることで，私たちは自分が何をどのように感じているのかを確かめやすくなる。それは，心理療法と共通する原理と言えるであろう。

　では，セラピスト・フォーカシングにおいては，どのような人間関係が大切になるのだろうか。本章では，フォーカサーとリスナーの間の人間関係について，筆者が重要と考えることを4点述べたい。

1. 同じ職種の仲間としての横の関係

　セラピスト・フォーカシングにおけるフォーカサーとリスナーの人間関係

は，どちらかが指導者，どちらかが被指導者となるような縦の関係ではない。そうではなく，同じく心理臨床の実践に携わる，同業の仲間としての横の関係である。お互いにそれぞれの個性をもちながら，仕事をするうえでは共通する苦労や悩みを抱えた仲間同士として，互いを尊重し，同職種に就いている者同士だからこそ分かち合える感覚を共有しているような人間関係と言えるであろう。

　仲間としての親密感や安心感をもち，自分がセラピストとして苦手にしていること，うまくいかないこと，自分の失敗だと感じられることなどもそれほど気兼ねなく語れること，そして自分の苦労や悩みを相手にもわかってもらえるだろうと感じられることが大切である。つまり，理想像としてのセラピストの姿ではなく，努力はしているが苦手なところや失敗経験も抱えた現実のセラピストとしての姿を，お互いがある程度分かち合えるような人間関係である。セラピスト・フォーカシングは，そのような人間関係を基盤にして行っていくのがふさわしいと考えられる。

　もし仮に，セラピストとして自分の弱点だと感じていたり，失敗体験だと考えていることをリスナーに意図的に隠さなければならないような人間関係だったとしたら，そのような場で自分の内側に感じられるフェルトセンスに素直に向き合い，それと対話することも難しいのではないだろうか。セラピスト・フォーカシングを行うためには，自分のフェルトセンスにゆっくりと向き合えるような，安全感のもてる人間関係の場が重要であると考えられる。

　同じ職種の人と，このような親密感・信頼感・安心感・安全感をもてる人間関係を得られていない場合には，むしろ，セラピスト・フォーカシングという方法を通じて，そのような人間関係を築いていくつもりになってはどうだろうか。この方法を実践する集まりへの参加は，同職種の人と仲間関係を作っていく機会になるかもしれない。

　本方法のセッションを行うさい，フォーカサーの役割とリスナーの役割は，相互に交代しながら行うことを原則にした方がよいだろう。誰かが常にリスナー役をとるような状態になると，横の関係を維持しにくくなるからである。

お互いの役割を交代しながら，一方がフェルトセンスを語り，他方がリスナーとしてそれを傾聴するような人間関係が望ましいと考えられる。

2. フェルトセンスに内在する歩みを大切にする

　次に大切なことは，フォーカサーが自分自身のフェルトセンスに触れてそれを吟味していく過程を，リスナーが保証し，妨げないことである。フォーカシングは本来，フォーカサーが自分の内側のフェルトセンスと対話をしていく個人内の心理的作業である。つまり，自分自身との対話の作業である。したがって，リスナーはまず，それを保証することが大切である。フォーカサーが自分の内側にフェルトセンスを感じ，それをゆっくりと味わうのを見守り，沈黙も含めて，そのための時間をともに過ごすような姿勢である。

　そのためには，リスナーはフォーカサーの語る事例やテーマの内容に過度に関心を向けるような状態にならない方がよい。それよりも，フォーカサーの体験の仕方がどのようになっているかに注意を払うことの方が大切である。ここが，スーパービジョンや事例の検討会とは異なる，セラピスト・フォーカシングに独特の点である。

　体験の内容に関心が向きすぎると，リスナーはそれについて詳細に尋ねてそれを共有したくなるかもしれない。しかしセラピスト・フォーカシングにおいてリスナーがある程度フォーカサーの体験内容を知る必要があるのは，フォーカサーのエクスペリエンシングについていくためである。体験内容を知ること自体が重要なのではない。したがって，扱おうとしている事例の内容やテーマについて，詳細に尋ねたりはしない。それよりも，フォーカサーがゆっくりと丁寧に自己の内面のエクスペリエンシングに触れ，それをフェルトセンスとして感じようとしているかどうか，扱おうとしている事例やテーマに情緒的に圧倒されて体験的距離を見失っていないかどうか，逆に知的に考えるような状態になってしまっていないかどうか，などに注意を払うことの方が重要なのである。

そしてフェルトセンスが豊かに感じられるようになり，フォーカサーとフェルトセンスとの間の対話が始まると，しだいにフェルトセンスが主役になってくる。フェルトセンスに内在していたプロセスが動き始め，それ自体がプロセスを作り出していくのである。そうなると，場の主役はフェルトセンス，相手役はフォーカサーということになる。"フォーカサーの内側のフェルトセンス"と"フェルトセンスを感じているフォーカサー"との間で，やりとりが行われながら，フェルトセンス自体が独自の歩みを進めていくのである。

リスナーはフォーカサーが語るフェルトセンスの声を傾聴することによって，フェルトセンスの歩みを見守り，そのプロセスを妨害しないようにすることが大切である。リスナーがある方向にフォーカサーを引っ張ることは，フェルトセンスに内在する動きを損なうかもしれない。リスナーの意図的な方向づけは，フェルトセンスの歩みを妨害することになりかねないのである。

第6章で紹介したEさんとのセッションで，筆者はリスナーとしてEさんの話を傾聴しながら，筆者に浮かんだ問いを質問のかたちで尋ねている。そして結果的には，それがEさんのプロセスを進めることになった。しかし筆者にとって，この質問は，Eさんのフェルトセンスを筆者の内側で共有し，Eさんのプロセスについていくために必要と感じて行った質問であった。Eさんのフェルトセンスのプロセスがその方向に進むように促そうと考えて行ったものではないのである。

3. リスナーの行うガイディングとは

では，リスナーの行うガイディングとはどのようなものだろうか。第3章の2節に述べたように，リスナーは，フォーカサーがフォーカシングを行うプロセスに同伴して傾聴し，必要に応じてガイドも行う存在である。この"ガイド"としての役割は，どのようなものと考えたらよいのであろうか。

ひとつは，フォーカサーが本方法の手順を踏んで進んでいけるように，教

示を行う役割である。セラピスト・フォーカシングという方法に馴染んでいくのに，まずは一定の手順を身につけるつもりでいると，フォーカサーとしてもリスナーとしても，やりやすいと考えられる。その手順を教示として示すのが，リスナーのガイドとしての役割である。しかし，本方法に慣れてくると，必ずしも手順どおりに進む必要はなくなる。フェルトセンス自体の歩みに沿って進むようになるからである。したがって，教示を行う役割は，リスナーのガイディングにおいて本質的なものではない。

　より本質的なガイディングの役割は，フォーカサーが自身の内側にフェルトセンスを感じていけるように，そしてそれが感じられてきたら，フェルトセンスがより豊かに膨らみ，フェルトセンス自体の動きがそこから現れてくるように，促すことである。つまり，フォーカサーがフェルトセンスを十分かつ詳細に感じることをガイドするのである。

　これは言いかえると，フォーカサー自身の語りがより詳細になっていくように，傾聴することであるとも言える。フォーカサーが言葉にして語っていることだけでなく，その背後のまだ言葉になっていない感覚（フェルトセンス）を傾聴することによって，それが言葉になっていくのを促すのである。

　このように，リスナーがガイドしてある方向へと導くのではなく，フォーカサーの内側のフェルトセンスがそれに内在する方向へと進んでいくのを促すのが，リスナーの行うガイディングである。しかし，ここで述べていることを実践するのが，なかなか難しい場合もある。

　例えば，フォーカサーがクライエントとの関係でとても切迫した気分を抱えており，それを何とかしたいと感じているが，そこから距離をとることが難しい状況では，リスナーはフォーカサーの感じている切迫感に巻き込まれがちである。そしてリスナーもそれを何とかしなければ，という切迫した気分になり，フォーカサーがその気分から何とか距離を置けるように，プロセスを進めようとする。

　別の例では，フォーカサーの語るフェルトセンスが断片的で，ちらほらと「こんな感じ」「今度はこんなふうに感じられてきた」と流動的な状態になる

こともある。リスナーはフォーカサーがそれを全体としてはどんな感じなのか感じていけるように促そうとするが，それがうまくいかなくなる。

これらの場合，いつの間にか，リスナーがプロセスを進めようとする状態になりがちである。プロセスが進みにくい状況で，かつ，フォーカサーがそれを何とかしたいと感じているときには，リスナーもフォーカサーと同様，何とかプロセスを進めなければ，という思いが強くなると考えられる。

筆者が本方法を多くのセラピストと実践してみて思うのは，フォーカシングのプロセスは常に進展するとは限らない，ということである。そのときのエクスペリエンシングの状態によっては，何とかしてプロセスを進めようと努力しても，進んでくれないことがある。意図的，意識的な働きかけではどうにもならないのである。そのような場合は，「今はこのプロセスは，進みようがないものらしい」と理解せざるをえない。

このような状況になったときには，そこでフォーカシングのセッションを一区切りにし，いったんブレイクを入れて，その事例について両者で語り合うのがよいように思われる。フォーカシングを行っても進みにくい状況について，言葉で話し合うのである。そして可能なら，再度セッションを行う時間を設けることにする。その事例について継続的にセッションを行う契約をしてもよいだろう。

このように，セラピスト・フォーカシングを行えば必ず次の一歩を見つけられる，というものではない。本方法を行っても，どうにも進めないときもある。リスナーの行うガイディングは，動きかけているプロセスが動き出すように促すような働きかけである。動けないプロセスをリスナーが無理に動かすことはできないのである。

4．ベテランのセラピストがリスナーを務めるさいの注意点

本章の1節において，セラピスト・フォーカシングは同じ職種の仲間としての横の関係のなかで実施することが望ましいと述べた。しかし実際問題と

しては，初心セラピストがフォーカサーとなり，臨床経験の豊かなセラピストがリスナーを務めるような組み合わせも起こると考えられる。お互いの作る人間関係としては対等な横の関係であったとしても，両者の間の臨床経験の質や量の差が大きい場合である。

　このような組み合わせのペアになった場合，リスナーとして注意すべき点がある。それは，初心セラピストのフォーカサーが吟味しようとしているテーマについて，リスナーがこれまでの臨床経験からある知見や考えを有しており，それらのことがリスナーの頭に浮かんでくるために，フォーカサーの感じているエクスペリエンシングに沿ってプロセスを進めることが難しくなることがある，という点である。例えば，フォーカサーの話を聞きながら，「そのことについては，こんなふうに考えるべきではないか」「そのことよりも，クライエントの語っているこちらの気持ちに沿うことの方が大切ではないか」などの考えがリスナーに浮かび，その方向にフォーカサーを導きたくなるような状況が考えられる。

　それらは臨床的には，ベテランのセラピストとしての的を射た視点であるかもしれない。しかしセラピスト・フォーカシングを行ううえでは，それは適切ではない。その方向で対話が進んでしまうと，フォーカシングにおけるリスナーとしてのガイディングではなく，スーパーバイザーとしての視点にもとづいたやりとりになってしまうため，フォーカシングのプロセスが進みにくくなるからである。筆者自身もリスナーを行うなかで，そのような失敗をしたことがある。

　このような場合，リスナーとしての役割とスーパーバイザーとしての視点を区別して考える必要があると考えられる。セラピスト・フォーカシングのセッションを行っている間は，リスナーとしてフォーカサーに感じられているエクスペリエンシングを傾聴し，それにいかについていくかを念頭に置いて，フォーカシングのプロセスが進展していくためのガイディングに徹するべきである。そしてセッションが終了した後で，事例の進め方についてやりとりをする必要があると感じた場合には，今度は臨床家としての自分の経験

をもとに，半ば指導的な視点も加味して話し合いを行うようにしてはどうだろうか。

　つまり，セラピスト・フォーカシングを行う時間とスーパービジョンを行う時間を，はっきりと区別して考えるような姿勢である。セラピスト・フォーカシングは，スーパービジョンとは異なる独自の意義を有している。それは臨床経験を積んだベテランのセラピストにとっても，臨床経験の少ない初心のセラピストにとっても，自分自身のために必要となる大切な時間である。したがって，その時間をしっかりと確保し，そのうえで，スーパーバイズするための別の時間を設けるようにするのが適切と考えられる。

　後述する本書第11章の1節において，セラピスト・フォーカシングとスーパービジョンとをいかに組み合わせて実施するかについて，現在までに行われている研究を紹介しながら論じることにするが，その組み合わせを考えるための第一歩は，リスナーの役割とスーパーバイザーの役割をはっきりと区別して認識することである。セラピスト・フォーカシングとスーパービジョンは，セラピストにとってそれぞれ別個の意義を有しており，かつ，どちらも大切なものである。その区別を明確にしながら，どのように組み合わせるかを検討する必要があると考えられる。

第9章 セラピスト・フォーカシングの意義

　本章では，この方法のセラピストにとっての意義，およびセラピストが心理療法を進めるうえでの意義について，考えてみたい。心理臨床に従事する職業人として日々を過ごしている私たちにとってこの方法はどのような意義をもつのか，この方法を体験することによって私たちは何を得ることができるのか，心理療法を進めるうえでどのような効果が期待できるのか，現在の筆者が考えていることを論じることにする。

1. 自身を主役として大切に扱う時間の確保

　心理療法の場において，セラピストは常に脇役である。クライエントという存在が心理療法の場の主役であり，セラピストは，クライエントが自覚しているものも十分自覚していないものも含めて，クライエントから発せられてくる多様なメッセージを傾聴し，それらを受けとめ，応答することによって，そこに進展が生じるのを促す。その意味で，セラピストは触媒のような存在である。セラピストが介在することによって，もともとクライエントに内在していたものが動き始め，それが流れとなって展開していくのを目指すのである。

　しかし，セラピストがそのような触媒としての役割をしっかりと果たすためには，セラピスト自身の心の状態がうまく機能できるように保たれている必要がある。第4章で取り上げたB氏が「セラピストのメインテナンス」「コンディショニング」と述べているような，自己調整である。これは，セラピスト各自がそれを自覚し，自分に合った工夫と努力を行うことによって保持されているものであろう。

筆者は，そのための基本になるのは，セラピストが自分自身を主役として大切に扱うような時間の確保であるように思う。

　心理療法を行っている間，セラピストは自分の心の一部を他者に提供しているような状態になっている。自分の心の一部に空白部分を作り，その部分でクライエントの心の様相を追体験し，クライエントに応答しているのである。しかし心理療法の場を離れたとき，今度は自分自身が主役になって自分の心を振り返り，整理したり吟味したりする場が必要である。セラピストとしての「私」，そしてその基盤にある，自分自身の人生を生きている個人としての「私」を大切にする時間である。

　それは，私たちの心に広がったさまざまな波紋を感じ取り，味わうことによって，それらを鎮めるための時間である。心を鎮めるためには，内側の波紋から目を逸らして，くつろいだり楽しんだりする別の時間をもつこともちろん大切であろう。しかし，内面に広がった波紋が大きいときには，それだけでは不十分であり，自分の内面にしっかりと向き合う必要がある。自分のなかにどのような波紋が起こっているのか，それが何に由来しており，どのようなかたちで自分に響いているのか，それによって自分がどのような心の状態になっているのか，などを丁寧に感じ取る作業である。

　セラピスト・フォーカシングは，そのための方法と言うことができる。心理療法の仕事を行いながら，自分のなかに違和感や窮屈感，しんどさややりきれなさ，不安感や落ち着かなさ，不全感や未消化感などを感じたときに，時間をとって，それらにじっくりと取り組む作業である。それらに取り組むことによって，波紋の様相を具体的に感じ取ることができると，納得感が生まれ，納まりがつけやすくなる。

　そしてそれとともに，自分の心をぞんざいに扱うのではなく，丁寧かつ大切に扱っているという感覚を保つことができる。しっかりとしたセルフケアの感覚をもつことは，私たちの心の健康にとって，とても重要なことである。さまざまなことが自分の内側に乱雑に放り込まれ，自分の内側がゴミ箱のような状態になってしまったら，私たちはしだいに余裕を失ってしまう。心の

滑らかさや柔軟さを保つためには，ときどきでも，自分の心に目を向けてゆっくり振り返り，整理を行うセルフケアの作業が必要である。

2. 心理療法場面についての体験のレベルでの振り返り

　私たちセラピストは，心理療法のなかで起こっていることについて，言葉で考える機会が圧倒的に多い。先人たちの考えや理論を学ぶのはほとんどが書籍を通じてである。また事例の検討会などにおいても，心理療法面接におけるやりとりが文字によって示されるし，それについて議論するのも言葉を介してである。

　しかし，もしもクライエントとのやりとりが文字だけで行われるとしたら，セラピストはクライエントを理解するための情報量が格段に少なくなることに気づくであろう。例えば，近年になってEメールでのカウンセリングなども試みられるようになっているが，会ったことのないクライエントについて，文字のやりとりだけで対応していくことにはどれだけの苦労や困難が伴うか，容易に想像できるであろう。私たちセラピストは言葉以前の体験のレベルで多くの情報を得ているし，また，クライエントとセラピストは相互の体験のレベルで情緒的な交流を行っているのである。

　したがってセラピストは，自分の実践している心理療法について，自身の内面に体感として生じていることを丁寧に味わい，吟味する必要があると言えるであろう。自分の感じていることを安易に言葉に置き換えてしまったら，多くのことがそこから抜け落ちてしまうのである。書籍を読んで理論や概念を知るだけで，心理療法の仕事ができるわけではない。自分の体験を十分に吟味しないまま，心理療法面接で生じたことを既成の理論や概念にあてはめて考えることが習性になってしまったら，あたかも，Eメールに書かれた文字だけを手掛かりにクライエントを理解できていると考えるのと同じような錯覚に陥ってしまうことになりかねない。

　ある理論や概念が生み出された背後には，100や200の体験が存在してい

ると言っても過言ではないであろう。したがって，それに相当するだけの多くの体験を自分自身も積み上げなければ，その理論や概念を臨床の場で活かすことは難しいと考えておくべきではないだろうか。つまり，体験のレベルと概念のレベルを繰り返し何度も往復運動することによって，臨床家としての力量が備わっていくのである。

しかし単に数多くの臨床経験をもつことが，"体験を積み上げる"ことになるわけではない。多くの面接を行ったとしても，それが蓄積にならずにこぼれ落ちてしまう場合もある。第5章では，体験のレベルでの自己吟味を行うことが若手セラピストにとって重要であることを論じたが，このことは必ずしも若手だけの課題ではない。経験年数のいかんにかかわらず，セラピストには，自身の体験を丁寧に味わい，吟味するような時間をもつことが必要ではないだろうか。そのような時間を，多くのセラピストが確保していると考えられる。心理療法面接が終わった後，面接の記録をとりながら，自身に生じた体験をあれこれと吟味しつつ事例について考える時間をもっているセラピストは多いであろう。また，事例の検討会などで他のセラピストの事例報告を聴きながら，自分自身の臨床体験を振り返って吟味しているセラピストもいるであろう。

本書で紹介してきたセラピスト・フォーカシングの方法は，セラピストの行っているそのような営みを技法として形にしたものと言うことができる。技法として提示されることで，その重要性に気づき，自分がふだん何気なく行っている内的作業の意義を再発見するセラピストもいるかもしれない。あるいは，そのための特別な時間としてセラピスト・フォーカシングを自分も行ってみたいと希望するセラピストもいるであろう。本書での提案が，何らかのかたちで多くのセラピストに役立つことを期待したい。

3. 自身の体験の分化・整理と問題からの体験的距離

次に，セラピスト・フォーカシング固有の意義について考えてみよう。

まず挙げられるのは、セラピストが自分自身の体験について分化・整理を行うとともに、それらから適度な体験的距離をとることである。これは特に、ステップ1「全体を確かめる」において行われる。セラピストが自分の内面に向き合ってみたいと感じるのは、自分の内面に何かもやもやしたものを感じているときであろう。そのもやもやは、感覚的には感じられているけれども実体はうまくつかめず、「何となく、自分のなかに引っかかるものがある」と感じられているようなものである。つまり、未分化なまま、漠然と存在しているのである。

この方法のステップ1「全体を確かめる」では、自分がある事例やテーマについて感じていること全体にゆっくりと注意を向け、このもやもやに接近していく。そして、そのなかに含まれているさまざまなニュアンスを感じ取り、それをもとに区分けしてひとつずつ確かめていく。このような内的作業によって、セラピストは自分がもやもやと感じていたことを、しだいに分化して捉えることが可能になる。ひとかたまりのカオスのように感じられていたものを、からだの感覚を手掛かりにして、分けて認識できるようになるのである。

ステップ1ではさらに、確かめたものをひとつずつ置いていく作業を行う。1つ目、2つ目、というように区分けのみを行う場合（例えば、第6章に紹介した3人の中堅セラピストとの3例）もあれば、イメージを用いて、それを自分から離れたところに定着させるための作業を詳しく行う場合（第4章のB氏の例）もある。このような作業によって、分化して感じられてきたものを整理し、適度に体験的な距離をとることが可能になる。

このような手続きは、従来のフォーカシングでクリアリング・ア・スペース（Clearing a Space）と呼ばれてきたもの（Gendlin, 1981）を本方法に援用したものである。わが国では、それは「空間を作る」とか「間を置く」と訳され、実践されてきた。セラピスト・フォーカシングのステップ1「全体を確かめる」は、このクリアリング・ア・スペースとは異なる作業であることに筆者は本方法の実践を通じて気づいた（両者の違いについては、第10

章2節で詳しく検討する）が，ここで論じている体験の分化・整理と体験的距離の醸成という点においては，クリアリング・ア・スペースと同様の意義があると言うことができる。

　自分が未分化なまま漠然と内側に感じていたものを，区分けしてひとつずつ確かめ，それを整理することで，セラピストはこれまで自分が背負っていた荷物がどのようなものだったのか実感としてわかるだろうし，それらから体験的な距離をとることで，少し肩の荷を降ろしたような気分になれるであろう。

　さらに言えることは，このステップ1の作業において，それまであまり自覚していなかった自身の感じに新たに気づいていくこともある，ということである。第4章のAさんとのセッションや第5章のCさんとのセッションにおいて，そのようなプロセスが生じている。ある感じが体験の前景を大きく覆っていると，ふだんはそれだけが意識されやすく，他の感じには目が向きにくい。しかし自分の感じていることの全体を眺めるつもりでひとつずつ確かめ，置いていくと，これまではあまり自覚していなかった感じにも気づく場合がある。「自分のなかにこんな感じもあった！」という，発見ないし発掘の感覚を伴った気づきである。この点についても第10章2節で改めて論じるが，ステップ1では，このような気づきも含めて，体験の分化・整理の作業が行われるのである。

4. 新たな意味の発見と自己理解の深まり

　次に，ステップ3「フェルトセンスを吟味する」において行われる内的作業を見ていくことにしよう。

　このステップ3では，自分の感じをフェルトセンスとして感じ取り，それを吟味していく作業が行われる。より詳細に言えば，自分の感じに触れて，そのエキスをフェルトセンスとして結晶化させていくと，そのフェルトセンスのなかから動きが生まれてくる。フェルトセンスに内在していたプロセス

第9章　セラピスト・フォーカシングの意義　151

が始動し，展開していくのである。そのようなプロセスを，第5章〜第7章に示した多様なセッション例のなかに見ることができる。

　Cさん（第5章）は，あるクライエントとの面接において感じていた「違和感」について取り組むなかで，自分がクライエントに対して感じている「怖さ」が，実は自分自身のなかに本来抱えているクライエントと共通するような心性に向き合うことへの怖さでもあったことを発見した。そしてそれにより，怖さは和らいでいった。

　Dさん（第6章）は，クライエントの語る話題の一部がDさん自身の抱えるテーマと重なっているための「きつさ」や，そのために面接に影響が出ているのではないかという罪悪感を抱いていたが，それがどのようなかたちでどの程度面接に影響しているのかを確かめることで罪悪感は和らぎ，また，「きつさ」がクライエントのどのようなあり方によって引き起こされているのかを丁寧に吟味することによって，そのきつさを自分が今後どのように抱えていくのがよいのかを見つけていった。

　Eさん（第6章）は，あるクライエントとの心理療法面接を「やらされている」感じを抱えていたが，リスナーからの問いかけをきっかけにして，そのなかには，クライエントからだけでなく，システムないし組織からやらされている感覚も含まれていることに気づいた。そして，その気づきをもとに，今後の取り組み方を吟味し，整理していった。

　F氏（第6章）は，あるクライエントに対して感じているイライラを吟味するなかで，それは面接が共同作業になっておらず，クライエントが主導権をもっていてクライエントのペースで進んでいることによるのだという，両者の関係のあり方に気づいていった。そしてそのような両者のあり方を横から眺めるスーパーバイザーのような視点をもつことにより，自身がセラピストとしてどのような心の状態になっているのか，その一方，クライエントは何を求めているのかを発見することができ，今後の面接への手掛かりを得た。

　Gさん（第7章）は，自分が医療機関に勤める心理職として，何を大切にすべきなのかという自身の立ち位置を吟味していった。色彩という媒介を見

つけ，それを手掛かりにセッションを進めるなかで，自分が心理職としてどうありたいのか，何を大切にしていきたいのかを見つけ，言葉で明示的に表すことが可能になった。

　以上のように，フェルトセンスが結晶化され，そこからプロセスが動き始めると，その展開のなかでさまざまな気づきが起こる。新たな意味が発見され，それによって自分自身のあり方についての理解を深める機会が与えられると言えるであろう。

　第8章にも述べたように，それはいつでも起こるものではない。Gさんとの第8回目のセッションのように，何かを確かに感じてはいるのだが，その感覚をうまく進めて感じていくことができず，もどかしさを募らせるセッションもある。そのようなときは，継続して次のセッションをもつことも必要になる。セラピストが困難な事例を抱えて苦労しているときには，継続して定期的にセラピスト・フォーカシングを行うような実施形態をとった方がよい場合もある。

5. 主体感覚の賦活化

　これまでに述べてきた，セラピスト自身の体験の分化・整理と問題からの体験的距離の醸成，および新たな意味の発見と自己理解の深まりは，セラピストに何をもたらすと言えるであろうか。筆者は，これらの総体としてもたらされるのは，セラピスト自身の体験の「主体感覚の賦活化」であると考えている。

　第2章に述べたように，主体感覚とは，体験に伴う自律性の感覚のことである。具体的には，問題となる体験に圧倒されたり振り回されたりするのではなく，それに自律的に向き合う感覚や，問題となる体験に自律的に対処できる感覚をもてること，問題となる体験が起こっても問題感から分離した自律性を感じられる体験領域をもてることを指している。心理療法面接の場を訪れるクライエントは，このような感覚をもちにくくなっていることが多い。

すなわち，主体感覚の損なわれた状態になっているのである。

そしてそのようなクライエントと面接を行っていると，セラピスト自身の体験の主体感覚も希薄化しがちである。自分自身の体験に振り回されるような状態になって，それに自律的に向き合ったり，自律的に対処したりすることができなくなり，その体験とは区別できる自律的な体験領域をもつことが難しくなる。クライエントとの面接の場で，同じような感情が繰り返し起こり，その感情のとりこになってしまって別の感じ方，受けとめ方をすることができなくなり，そのような状態から抜け出そうとしてもなかなか難しい状態である。そうなると，「いつもこうなってしまう」「同じところでの堂々巡りになってしまう」というような膠着状態になって，しだいにセラピスト自身の体験の自律感が失われ，セラピストとしてうまく機能することができなくなる。このような状態を，多くのセラピストが経験したことがあるのではないだろうか。

このような状態になっているとき，セラピストはこの方法によって，自身の体験に丁寧かつ穏やかに向き合うことができる。そして，未分化で混沌としていた自身の体験を分化・整理して捉え，問題からの体験的距離を生み出す。さらに，自分の感じていることを体感を通じて詳細に吟味することで，そこに新たな意味を発見し，面接の場での自身のあり方について理解を深める機会を得ることができる。

セラピスト・フォーカシングによって体験のプロセスが進んだときには，多くのセラピストが「整理がついた」「すっきりした」「腑に落ちた」というような感想を語る。それは，自分の内側に未消化なまま溜まっていたものが咀嚼され，消化が進み，異物感が消えて納まりがつくような感じと言えるのではないだろうか。そのような内的作業が進むことによって，セラピストとして十分に機能できるような状態が戻ってくる。自分自身の生気を取り戻し，クライエントから伝わってくるものを新鮮な体験として感じ取り，クライエントに対して生き生きとやりとりのできるような状態である。筆者が「主体感覚の賦活化」と呼んでいるのは，そのような状態を指している。

6. 心理療法に進展を生み出す効果

　セラピスト・フォーカシングは，以上に述べてきたような，セラピスト自身の体験に変化を生み出すという効果に加えて，心理療法の過程そのものに進展を生み出す効果をも有している。

　と言うのは，心理療法面接におけるセラピストの体験は，クライエントとの相互作用のなかで生じているからである。つまり，セラピストが自分の内面に感じられているものを吟味することで自身の体験に変化が生じると，それは必然的に，両者のやりとりの性質，すなわちクライエントとセラピストとの人間関係の質に変化を生み出すことになる。例えば，それまで面接の場で余裕をもてずに圧迫感を感じていたセラピストがそれに気づくことによって，自身の内面に余裕が生じたとすると，それは面接での人間関係にも有益な影響を及ぼすことになるであろう。このように，セラピストの内面に感じられている体験の性質の変化は，心理療法の過程に大きな影響を及ぼすことが期待できるのである。

　また，上記のことに加えて，セラピスト・フォーカシングを行う過程で，思わぬ発見が生じることがある。それは，セラピストが自分自身の体験を吟味するなかで，自分の体験していることがクライエントの抱えている問題と重なることに気づき，クライエント理解を深める機会にもなるという点である。

　前にも述べたが，本書に紹介した例のうちでは，Cさん（第5章）とF氏（第6章）のセッションでそれが生じている。

　Cさんは自分の感じている動けなさについて，「自分だけ，何か時間の流れがいきなり止まったような，その瞬間の怖さみたいなのを引きずっていて」と語っていたが，その感覚について急に，「この感じっていうか，こういうことって，とってもケースに通じる。このケースのクライエントがもっている問題と言うか。ご両親との葛藤のなかでそのような感じをもっておられる」ということに気づいた。

またF氏はステップ1で，クライエントについての自分の感じの3つ目として「からだの奥の方にホワーと温かいのがある。(中略)(これは)自分のなかにあるけれども，自分のものということでもないかもしれない」「自分と他人の境界が溶け合ってしまうような何か」と語っていたものについて，ステップ3の終わりの方で「クライエントが(心理面接に)持ち込みたいものってそんなものじゃないかなって思う。そういう一体感，ボワーっとした」「あんな感じをクライエントは求めて来ているんだろうなって思うと，ものすごく納得する」と語った。

このような，クライエントの体験とセラピストの体験とが交錯するような様相，つまりセラピストの側からすると，自分のなかに感じられている自身の体験の一部が，クライエントの体験していることであるかもしれないと感じられるような様相が，セラピスト・フォーカシングの過程で生じることがある。このような様相は，従来のフォーカシングのセッションでは，筆者はあまり経験したことのないものであった（このような様相が生じる機序をどのように考えるべきなのかについては，第10章の3節で論じてみたい）。

このように，私たちセラピストが自身の体験の深みへと降りていくことは，自分とクライエントとの個体としての境界を越えて，両者の体験の重なり合った部分に接近していくことになると言うことができる。セラピストが自身の体験をじっくりと味わい吟味していく作業は，クライエントがどのような体験をしているのかについての理解を深めることにも通じるのである。

このようなかたちでクライエントについての体験的な理解を深めることも，心理療法に進展を生み出すための重要な契機となるであろう。

7. 心理療法の今後の進め方の吟味

本方法では，セラピストが自身のフェルトセンスに触れることによって体験的な理解を深めていった後，セッションを終了する前に，今後の心理療法の進め方について話し合うことが多い。セラピスト・フォーカシングで体験

したこと，気づいたこと，理解したことを，セッションの場だけに留めてしまうのではなく，継続中の事例の場合，それらを次回からの心理療法の場につなぎ，活かしていくような工夫が必要になる。セッションを終了する前に，フォーカサーが自身の感じを確かめながら，これからの心理療法の進め方を吟味することは，そのために有益である。これからの心理療法をどのように進めていくのが適切かをやりとりすることで，それをより具体的にしていくことができる。

　フォーカシングの作業は，セッションの終了によって閉じてしまうものではない。「すっきりした」「満足した」で終わるものではないのである。フォーカシングは本来的に，エクスペリエンシングの推進により，次のステップを一歩踏み出すことにつながる作業である。次の一歩が見つからないとしたら，エクスペリエンシングの推進が生じたとは言えない性質のものである。

　第6章に紹介した3つのセッション例では，いずれも今後の進め方が吟味され，そこから次のステップが導き出されている。

　Dさんは，「こんな気持ちをすごく感じたのははじめて。今は『試しの期間』と位置づけておいたら落ち着きます。これ以上は入れないと思ったら自分のなかで距離を置いてみて，それでクライエントがどう感じるか，面接にどんな影響があるかを試してみる期間にします」と語っている。

　Eさんは，「今やってみて，相手とのやりとりのなかに，自分で気づかないうちに違うものも一緒に加担させていたので，なおさらズシーと来ていた気がする。なので，そこは加担させないというか，分けることで負荷を減らすというか」「本来の重さだけでも十分手一杯なのに，知らないうちに一緒くたにされちゃう。そこを自分で，別物に分けることが必要かな」「それぐらいは自分でやれるかな。これ（この事例）をもたないわけにはいかないし」と述べている。

　F氏は，「こんな（スーパーバイザーのような）人がいたら，自分はずいぶん助けられるなって思う」「このシチュエーションは安定する感じで，安心感がある。全体が柔らかく包まれているような」「次回の面接のときは，

ちゃんとこれが僕の隣に座ってくれそう」と語っている。

　これらの例からわかるように，セラピスト・フォーカシングにおいて検討される今後の心理療法の進め方は，教科書的な一般論ではない。セラピストが自身の体験をもとにして探っていくのは，現在の自分の身の丈に合った，自分にとって有益かつ適切と感じられるような進め方である。等身大の自分自身のあり様を体験を通じて具体的に確かめたうえで，それを出発点にして，これからの面接の進め方を吟味するのである。決して教科書的ではない，自分というものを出発点にした模索こそが，セラピストにとって大切な作業であると筆者は考える。

　さて，当然のことではあるが，このような吟味を通じて得られる次の一歩が心理療法として独りよがりでリスクを孕んだものにならないことが大切である。そのためには，セラピストが心理療法の基本をしっかりと身につけていることが前提となる。セラピスト・フォーカシングだけで心理療法の技能が上達するわけではない。一方で，事例の検討会やスーパービジョンなどを通じて，事例についての見立てや治療関係の築き方，応答や介入の方法を学ぶことが不可欠である。心理療法の基本を身につけたうえで，さらに，今この場での自分とクライエントとの関係において生じている自身の体験を土台にして次の一歩を見つけていくのが，セラピスト・フォーカシングの作業である。これから心理療法を学んでいく人たちは，そのことに十分留意しておくべきだろう。

第10章 フォーカシングとの比較からみた本方法の特徴

　本章では，従来から行われてきた通常のフォーカシングと比較することによって，セラピスト・フォーカシングという方法の特徴と言えることを論じることにする。筆者はこれまでの実践を通じて，この方法は従来のフォーカシングとは様相の異なる面をもっていることに気づくようになった。それは心理療法という人間関係の場が，通常の人間関係とは異なる独特の場であることに起因していると考えられる。

　そこで本章では，まず1節でそのことを論じ，続く2節，3節では本方法において生じる固有の現象について記述する。そして4節では，それらのことにもとづいて，セラピスト・フォーカシングという場の様相について考えていくことにする。

1. 心理療法における関係の独自性

　セラピスト・フォーカシングにおける体験の仕方は，基本的には，通常のフォーカシングと何ら変わるところはない。セラピスト・フォーカシングは，フォーカシングの感じ方をセラピストが自身のために活かす方法である。その意味では，この方法はフォーカシングをセラピストという特定の対象に応用したものであり，特に新たな方法と言えるものではないかもしれない。では，なぜこの方法に「セラピスト・フォーカシング」という固有の名称をつけて，独自に検討する必要があるのだろうか。

　筆者は，それは，セラピストとクライエントとの関係が通常の人間関係とは異なる，独自性を有しているからだと考えている。セラピストはクライエ

ントとの関係を,単なる好き嫌いや利害目的で行っているわけではない。クライエントとの関係づくりは,セラピストとしての職業的な責任を前提にして,クライエント援助に役立てるために行われている。関係を続けることでクライエントを深く理解するため,関係を通じてクライエントを心理的に支えるため,関係に表れた特徴や傾向についてやりとりすることでクライエントが自分自身について考えていく素材にするためなどに,クライエントとの関係を継続することが重要になってくる。

したがって,例えば相手に対して不快感や嫌悪感を抱いたときに,通常の人間関係であれば相手を避けたり,相手と言い合いをしたりなど,相手との関係を断つ方向に進んでいくかもしれないが,セラピストがクライエントに対して何かネガティブな感情を感じるときには,それはクライエントを理解するため,あるいは現在の関係の様相を理解するための貴重な手掛かりである。関係を継続しながら行われる理解の作業の素材となるのである。そしてもちろん,クライエントがセラピストに対して感じる感情についても,同様の姿勢でそれを扱うことになる。クライエントがセラピストに否定的感情を感じるとしたら,それで関係を終わりにするのではなく,それを表現してもらって共有しながら,それについて一緒に考えていく姿勢をとろうとするのである。

これは親密感や好意などポジティブな感情を感じているときも同じである。そのような感情から相手に近寄り,個人的関係をもつ方向に進んでいくのではなく,そのような感情が生じていることをどのように考え,どのように扱っていくべきかを検討していくことになる。

以上のように,セラピストは,クライエントに対して抱く感情をもとに,相手を深く理解しよう,また相手と自分との関係を深く理解しようという方向に歩みを進めていこうとする。心理療法という場は,そのようなベクトルをもっている。このため,クライエントをめぐるセラピストの体験は,"好感"とか"嫌悪感"というような単純なものではなく,重層的な深みを有することになる。

以下に，筆者がセラピスト・フォーカシングという方法をいろんなセラピストと実践してきたなかで気づいた，この方法で生じる独特の現象を2点述べるが，それらは，上記のような心理療法における関係の独自性を背景として生じてくるように思う。

2.「空間を作る」と「全体を確かめる」との違い

通常のフォーカシングを以前から実践してきた方は，本書で述べたセラピスト・フォーカシングのステップ1「全体を確かめる」は，ジェンドリン法における「空間を作る」（Clearing a Space）と呼ばれるステップ（Gendlin, 1981）と，何がどのように違うのだろうという疑問をもたれたであろう。筆者自身，セラピストのために活かせるフォーカシング技法を作っていこうと考えた当初は，特にその区別はなかった。「セラピストがクライエント体験を吟味するさいにも，まずはじめに『空間を作る』のステップが必要だろう」という程度に考えていた。

しかし筆者は，この方法を数多く実践するなかで，この両者は異なる作業であることに気づくようになった。その違いを説明するために，**図 10-1** が役立つであろう。この図において，左が「空間を作る」，右が「全体を確かめる」を表現している。

左の「空間を作る」においては，フォーカサーの個人的生活における体験領域の全体を振り返って，今の自分が気がかりと感じていることを，ひとつずつ確認して置いておく作業が行われる。例えば，「1つ目は職場の同僚との人間関係，2つ目は自分の子どものこと，3つ目は自分の将来のこと，4つ目は親のこと」というような，気がかりのリストを作っていく作業である。

これに対して，右の「全体を確かめる」は，そのようなフォーカサーの体験の全領域ではなく，ある特定のテーマ（例えば，「気になっているクライエント」）を選び，そのテーマについて自身が感じていることの全体を確かめようとする作業である。その全体を眺めながら，そのなかにどのような感

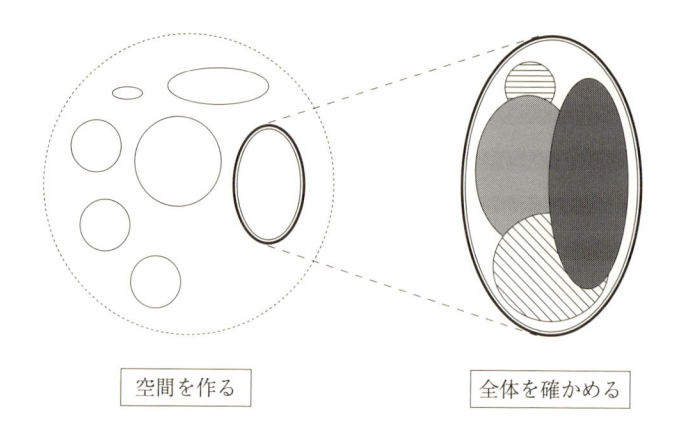

図10-1 「空間を作る」と「全体を確かめる」との違い［吉良（2005）を一部改変］

出典：吉良安之（2005）セラピスト・フォーカシング．伊藤義美（編著）
『フォーカシングの展開』．ナカニシヤ出版，49-61．p. 53

　じが感じられるか，分化して整理していこうとするのである。このため，"分化""整理"とは言っても，確認されていく気持ちは重なり合ったり，つながったりしていることが多い。例えば，「1つ目は重い感じ」「2つ目はトゲのある感じ」「3つ目は圧迫される感じ」というように，一部で重なり合いながら別のニュアンスも感じられてくるというようなかたちで，分化・整理されていくのである。
　この図10-1からわかるように，セラピストによっては，あるテーマについて「全体を確かめる」作業を行う前に，「空間を作る」作業が必要だと感じる場合もあるだろう。まずは自分の生活のさまざまな体験領域を全体として振り返り，複数の気がかりをリスト化して置いたうえで，気になっている特定の事例について取り組んでいきたいと感じるような場合である。
　さて，この「全体を確かめる」のステップをさまざまなセラピストと実践しながら，筆者が気づいたのは，この作業を進めるなかで体験のプロセスが

進んでいく場合があるということであった。これについては第4章および第9章3節でも簡単に述べたが，1つ目，2つ目，3つ目と確認していく作業が，並列的な確認の作業となる場合だけでなく，1つ目を確認して置いたうえで再度全体に戻ると，それまでは気づいていなかった2つ目のものが感じられ，それを置いてさらに全体を眺めると，新たに3つ目のものが感じられてくる，というような進展が生じる場合が見られる。本書に紹介したセッションのなかでは，Aさん（第4章）やCさん（第5章）のものがその代表例として挙げられる。EさんやF氏とのもの（いずれも第6章）にも，それが見られる。

つまり，図10-1の右側に示した「全体を確かめる」の絵は，実は平面的なものではなく，立体的な構造になっている。目の前にある大きな岩を1つ目として確かめて脇に置くと，その奥に洞窟があり，それを進むと2つ目，3つ目の岩が感じられ，それらを確かめながら，次々に扉を開くようにして理解が進んでいく，というようなイメージが筆者には思い浮かぶ。

例えば，セラピストがある事例を担当するなかで「重さ」を感じていると，ふだんクライエントと接するときには，その「重さ」ばかりを強く感じるかもしれない。しかしこの方法でそれを1つ目として確かめ，横に置いておくことができると，それを置いたうえで他に感じているものをゆっくりと味わうことが可能になる。そのようにして，理解が進んでいくのである。このような進展は，セラピスト・フォーカシングでは特にまれなものではない。筆者は数例に一度くらいの頻度で，それを経験している（もちろんのことだが，ステップ1がこのような進展のプロセスをたどる場合と，並列的に複数の気持ちが確認される場合とで，優劣があるわけではない。このステップの進み方の特徴として，2つのタイプが見られると考えるべきであろう）。

このように，ステップ1「全体を確かめる」は，自分がどのようなことを感じているのか，自己理解を進めていくプロセスになる場合もあると言うことができる。前項で述べたように，心理療法における関係性は重層的な深さの方向性を有している。そのことが，このようなかたちで現れるように思われる。

3. 両者の体験の交錯したフェルトセンス

　第9章6節において述べたように，セラピスト・フォーカシングを行う過程で，自身の体験を吟味するなかで感じられた自分のフェルトセンスが，実はクライエントの体験しているものでもあるのではないかと，セラピストに感じられてくることがある。本書で紹介したCさん（第5章）やF氏（第6章）は，セッションのなかで，自分とクライエントとの体験が深いところで重なり，交錯していることに気づいたのである。

　もちろんこれは，クライエントに直接尋ねたことではなく，セラピストがそのように感じて意味づけた主観的事実であるので，あくまでもセラピスト個人にとっての気づきである。しかし少なくともセラピストには，そのことに新たに気づいたという新鮮な発見感と，「そういうことだったのだ」と腑に落ちるような納得感が生じている。筆者は，セラピストが感じている体験の一部がクライエントに生じている体験と重複ないし交錯するのは，ごく自然なことのように思う。両者が心理療法面接の時間を継続して共有するなかで，両者の合作としてそれぞれの体験が生じているのであるから，両者が全く別々の体験をしていると考える方が不自然ではないだろうか。

　心理療法において生じる両者の関係のこのような性質については，精神分析においては間主観性（Intersubjectivity）という文脈で議論が行われてきている（丸田・森，2006）が，フォーカシングの実践にもとづいた研究のなかでも，そのことが議論されている。マディソン（Madison, 2001）は，「私たちの体験は『主観的』なものでも『精神内的』なものでもなく，相互作用的なものである。その場所は『内側』ではあるが，外-内側である。ジェンドリンによれば，私たちが感じていることは，内的な内容ではなく，他者とともに私たちが生きているなかで起こっていることの直感なのである」と述べている。

　このような性質をもったフェルトセンスについて考えるために作成したのが，**図10-2**である。この図10-2に示したように，クライエントとセラピ

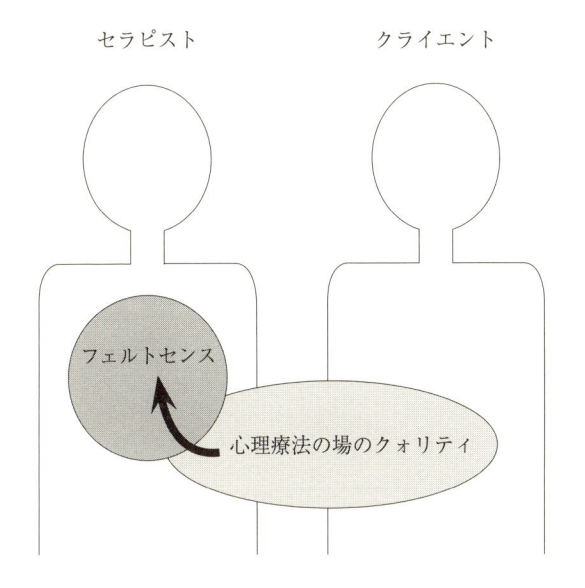

第 10 章　フォーカシングとの比較からみた本方法の特徴　165

図 10-2　両者の体験の交錯したフェルトセンス［吉良（2003）を一部改変］

出典：吉良安之（2003）対人援助職を援助する――セラピストフォーカシング．村山正治（編集）『現代のエスプリ別冊　ロジャーズ学派の現在』，至文堂，184-192．p.191

ストが心理療法面接の場を継続的にもつことにより，両者の間に"関係の場"が形成される。そしてその場は，あるクォリティを醸し出すことになる。セラピストはそのクォリティを感じ取り，それをフェルトセンスとして結晶化するのではないだろうか。

4．セラピスト・フォーカシングにおける関係の多層性

　池見・矢野・辰巳ら（2006）は，セラピスト・フォーカシングでは，通常のフォーカシングに見られるフォーカサーとリスナーとの関わり，フォーカ

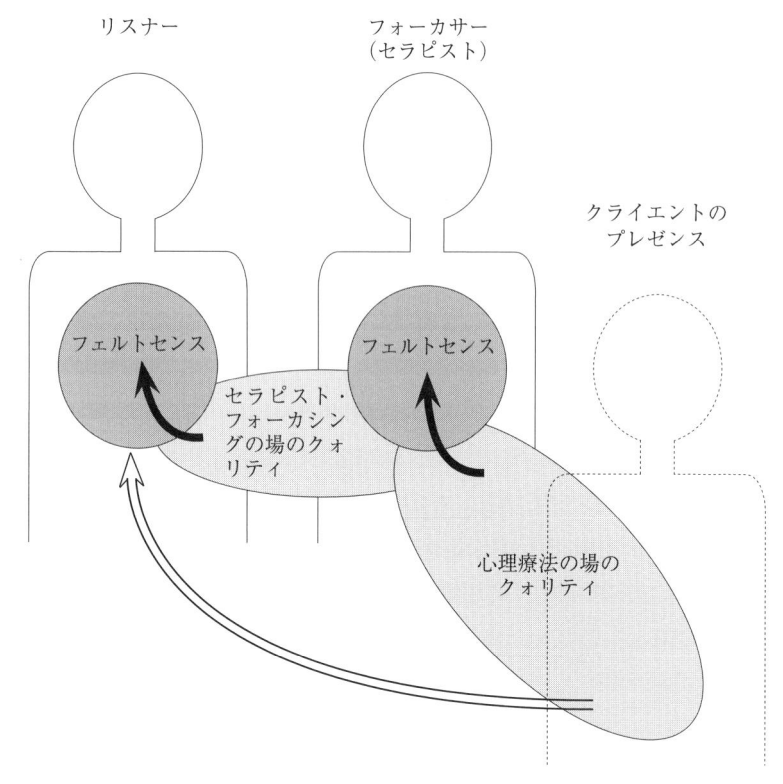

図 10-3　セラピスト・フォーカシングにおける関係の多層性と三者の体験の交錯

（図中のラベル：リスナー／フォーカサー（セラピスト）／クライエントのプレゼンス／フェルトセンス／セラピスト・フォーカシングの場のクォリティ／心理療法の場のクォリティ）

サー自身のフェルトセンスとの関わりに加えて，フォーカサーがケースについて認知していることとの関わり，フォーカサーのセラピストとしてのクライエントとの関わり，フォーカサーを通してリスナーが感じるクライエントのプレゼンスとリスナーとの関わりなど，プレゼンスと関係が多層性をもつことを述べている。このことは，セラピスト・フォーカシングの大きな特徴と言えるものである。

　この池見・矢野・辰巳ら（2006）の論述をもとに，図 10-2 をさらに詳細にしてセラピスト・フォーカシングの場の関係の多層性と三者の体験の交錯した様相を図示すれば，**図 10-3** のようになるのではないだろうか。セラピ

スト・フォーカシングの場には，フォーカサー（すなわちセラピスト）とリスナーに加えて，クライエント（のプレゼンス）が参加している。そしてこの三者の複雑な交錯のなかでセッションが進んでいく。

　そこでは，フォーカサーだけでなくリスナーもフェルトセンスを感じながら，セッションを行っている。フォーカサーとリスナーとの間で形成される"関係の場"のクォリティにもとづいて，リスナーはフォーカサーの感じていることを追体験しながら，自らの内面にフェルトセンスを形成し，フォーカサーに応答していくのである。

　通常のフォーカシングはフォーカサーとリスナーとの二者間の関係の場のクォリティにもとづいて進んでいくのに対して，セラピスト・フォーカシングにおいては，図10-3に示したように，クライエント（のプレゼンス）を加えた三者が形成する2つの関係の場のクォリティ，すなわち，心理療法の場およびセラピスト・フォーカシングの場の両クォリティが重なり合いながら進んでいくと言うことができる。

　このように，セラピスト・フォーカシングは通常のフォーカシングとはかなり異なる側面を有している。その実施方法やフォーカサーの体験の仕方は，通常のフォーカシングとそれほど変わらないように見えるが，そこに生じる関係全体の様相において大きく異なるのである。今後のセラピスト・フォーカシングの研究は，このことを念頭に置いて進める必要があると考えられる。

第11章 本方法の今後の展開に向けて

　セラピスト・フォーカシングは，開発されてまだ間もない方法である。これまで，少数の研究者によって実践がなされ，その経験が蓄積されてきた段階である。しかしこれまでの経験から見ると，この方法は多くの可能性を内包していると考えられる。

　ひとつは，この方法を活かす方向の多様性である。本書で論じてきたセラピスト・フォーカシングをベースにして，それを活かすいくつかの方向が考えられると思われる。もうひとつは，本方法を適用する対象の拡大の可能性である。セラピストだけでなくさまざまな対人援助職者にとって，自分の感じていることを味わい，吟味することはとても大きな意義を有していると考えられる。

　本章ではそれらの点について，筆者が現在考えていることを論じていくことにしたい。

1. 本方法の多様な活かし方

1. セラピスト同士のピア・サポートの場を作るために

　第1章6節に紹介したコスターとシュウェーベルの研究（Coster & Schwebel, 1997）に示されているように，セラピストが十分に機能し続けるための要因として，ピア・サポートは重要な位置を占めている。仲間や同僚との間の親密で協力的な信頼関係は，セラピスト各自を支える大切な柱のひとつと言うことができる。

　セラピスト・フォーカシングは，そのような親密で協力的な横の関係を作っていくための接着剤として活かすことができるのではないだろうか。少数

のセラピストが集まり，自分のセラピスト体験について語りたいと感じる人が話し，他の人がリスナーとしてそれを傾聴するような場である。そのさい，単に出来事を語るのではなく，各自のフェルトセンスを感じ取り，それを吟味していくようなかたちでセッションをもつのが有益であるように思われる。出来事中心の会話ではなく，フェルトセンス中心の交流である。セラピスト・フォーカシングにおけるリスナーは，フォーカサーのなかのフェルトセンスに耳を傾け，必要に応じてガイディングを行うことにより，そのなかに内在していた方向性に沿って動きが生まれ，流れ出すのを促す存在である。

　すでにそのような，仲間内でセラピスト・フォーカシングを行う集まりが生まれており，筆者もときどきそれに参加している。アメリカでも，フォーカシングを実践しているセラピスト同士の集まりが開かれていると聞いた。セラピストにとって，心理療法の学習や研修を目的にした機会だけでなく，横の関係で参加者がつながるような場が大切であると考えられる。

　そのような場では，フォーカサーとして自分の体験に触れる人，リスナーとしてそれを傾聴する人だけでなく，両者のやりとりをオブザーバーとして聴いている人も有益な時間を過ごす。フォーカサーのフェルトセンスを共有しながら，オブザーバー各自も自分のフェルトセンスを感じている。フェルトセンスを感じる時間は，その場を共有する皆にとって大切な時間となるのである。あるいはその実施の仕方として，集まったメンバーのうちフォーカサー以外の全員がオブザーバーではなくリスナーになり，フォーカサーが語るフェルトセンスを皆で傾聴し，各自が感じたことを伝え返すような，グループ・フォーカシングの形式（藤嶽・渡邊・森尾ら，2005）を用いるのも有益であろう。

　フェルトセンスを語り合うピア・サポートの場には，必ずしも指導者は必要でない。指導者がいて役割が固定化してしまうのは，むしろ横の関係を築くのを妨げる可能性がある。参加者各自がお互いの個性を認め合いながら，各自のフェルトセンスを傾聴し，フェルトセンスの流れる時間を味わいながら楽しむような場を作っていくのが望ましいと思われる。

2. スーパービジョンと組み合わせた実施形態

　前に述べたように，セラピスト・フォーカシングはスーパービジョンとは異なる，独自の機能を有している。スーパービジョンは，事例の外側にいるスーパーバイザーからコメントを受けることによって，事例の捉え方や関わり方を学ぶ研修の機会であるのに対して，セラピスト・フォーカシングは，セラピストが自分の内側にあるフェルトセンスの声を聴くことによって，自身が心理療法の場面で感じていることを整理したり自己理解を深めたりするための機会である。セラピストにとって，この両者は，車の両輪のようにどちらも必要なものであると考えられる。

　池見・河田（2006）は，両者の違いとして，スーパーバイザーには，ある程度，クライエントに対する責任が存在しており，毎回の面接でのセラピストとクライエントの関わりを見て，間違った方向に進んでいないかを確認していく責任があるが，セラピスト・フォーカシングで取り上げている事象はセラピストがクライエントについて感じるフェルトセンスであるので，リスナーはケースについての責任を負うことができない点を挙げている。この点からも，セラピスト・フォーカシングはスーパービジョンの代用とはならないことを銘記しておく必要があるだろう。

　そのような両者の違いを理解したうえで，セラピスト・フォーカシングとスーパービジョンとを組み合わせた実施形態も可能ではないだろうか。特に，臨床経験の少ないセラピストにとって，そのような形態が有益であると考えられる。

　伊藤（2006）は大学院の演習授業において，大学院生が4回限定の試行カウンセリング（鑢，1977）を実施する途中で，カウンセラー役の大学院生とセラピスト・フォーカシングのセッションを行っており，その2例を報告して以下の2点を論じている。ひとつは，事例検討会などでは事例の理解に注意が行きすぎ，セラピストの側の感じが見逃されやすいが，本方法ではセラピスト自身の体験が中心テーマとして扱われることである。そしてもうひと

つは，スーパービジョン的視点の導入である。クライエントは4回で面接が終了することを「さみしい」と言うが，それに対してセラピスト（大学院生）はセラピスト・フォーカシングにおいて「見送るうれしさ」の方が大きいと語る。その状況で，彼（伊藤）はリスナー（かつガイド）の役割から一歩踏み出し，クライエントの心の動きについての別の仮説を提示することで，クライエントが感じているであろう「さみしさ」にセラピスト（フォーカサー）を引き寄せる方向でセッションを進めている。

　セラピスト・フォーカシングでは，セラピスト自身の感じを吟味する作業が行われる。しかし経験を多く積んだ臨床家がリスナーを務める場合，セラピストがあまり感じていないことであっても，クライエントの気持ちを理解するうえでは大切にしたい別の側面にリスナーが気づくことがある。それはスーパーバイザーとしての視点であるが，臨床経験の少ない若手セラピストにとっては，自分の感じていることを味わうだけでなく，そのような別の視点を提供されることは，クライエント理解を広げるうえできわめて重要であろう。臨床経験が少ないために，事例を理解するための大切な視点をまだ十分にもてていない若手セラピストにとっては，セラピスト・フォーカシングだけでは不十分な点があると考えられる。

　ここで再度，図10-3（166ページ）を見ていただきたい。この図には，クライエントのプレゼンスからリスナーのフェルトセンスへと至る，白い矢印が描かれている。すなわち，フォーカサー（セラピスト）はそれほど感じていないけれども，リスナーはクライエントの存在から何らかのことをフェルトセンスとして感じ取る場合があるのである。

　伊藤（2006）は上記のような経験をもとに，どのような事例のどのような局面で，どのようなセラピストに，スーパービジョン，セラピスト・フォーカシングのいずれが役立つのか，両者が必要なのか，どちらに重点を置くのか，について考えることが課題であると述べている。この点について，筆者も同様の課題意識をもっている。

　しかし，セラピスト・フォーカシングにスーパービジョンの視点を加味し

ようとする場合，第8章4節に述べたように，リスナーの役割とスーパーバイザーの役割を混同してしまうリスクも存在する。したがって，まずセラピスト・フォーカシングのリスナー経験を十分に積むことにより，自分がリスナーとしての応答を行っているのか，それともスーパーバイザーとしての視点からフォーカサーであるセラピストに関わろうとしているのか，明確に区別できるようになることが必要と考えられる。

　また，実施形態にも工夫が必要である。上記のような，セラピスト・フォーカシングにスーパービジョンの視点を導入する形態とは別のやり方として，スーパービジョンとセラピスト・フォーカシングとを，はっきりと時間を区切って組み合わせるやり方も検討する必要があるのではないだろうか。

　真澄（2009）は，月1回の頻度で計6回行われた60分のスーパービジョンのなかで，後半30分にセラピスト・フォーカシングを行った実践例を報告している。あるいは，これとは順番を逆にして，まずセラピスト・フォーカシングを行い，セラピスト自身の感じを吟味整理したうえで，それも素材にしながらスーパービジョンを行うような実施形態もありうる。すでに村山（1984）は，このような形態で，プレイセラピーでのスーパービジョンにフォーカシングを導入した先駆的な実践例を報告している。

　また，スーパービジョンのセッションを継続するなかで，セラピストが「今回は自分の感じを味わいたい」と希望するときに，セラピスト・フォーカシングのセッションを挿入するようなやり方も考えられる。筆者は，そのようなかたちで両者を組み合わせたスタイルを実施している。どのような実施形態がどのようなセラピストにとって有意義なのか，今後実践を通じて検討していく必要があると考えられる。

3. 初心セラピストにとってのクライエント体験に近似した機会

　池見・河田（2006）は，まだ臨床経験の浅い若手セラピストと，計8回のセッションおよび2回の振り返りセッションを継続して実施したセラピスト・フォーカシングの経過を報告し，考察を行っている。

そこでもやはり,「スーパーバイズではないにしろ,初心者セラピストが困っていることについては,具体的な助言が必要である」ことが述べられ,「臨床の先輩としてセラピストに与える指導的助言」が行われたことが報告されている。

それに加えて,池見・河田（2006）は,フォーカサーが各セッションの後に書き留めた印象や感想を検討することにより,初心のセラピストがセラピスト・フォーカシングの機会をもつことは,クライエントとしての体験をすることで心理療法の「香り」を体験的に味わうこと,さらに個人的成長の機会になることを論じている。

本方法を経験することでフォーカサーが味わった心理療法の「香り」として挙げられているのは,リスナーがフォーカサー自身の思考を見守る姿勢や,「〜しなさい」でなく提案する姿勢,またフォーカサーとしてリスナーに尊重される感覚,丁寧に聞いてもらえることなどであり,「一人の人間存在として妥当化され,尊重される体験」と言いうるものであった。さらに,全体の感想文を見て,フォーカサーがより自分自身の感覚（からだの感じ）に開かれてきたことが明確であること,また,感想として「自分が愛おしくなり……楽に生きられるようになった」と書かれているように,セラピスト・フォーカシングにセラピーとしての効果が十分あったことが報告されている。

このような報告と論考から考えると,初心のセラピストにとって,セラピスト・フォーカシングはクライエントとしての体験に近似した経験をする機会にもなると考えられる。セラピストとしての経験を積むための実習の一環として,試行カウンセリング（鑪,1977）などの体験学習が重視されているが,そこでクライエント役をする実習生は自分自身の個人的な内容の感情体験を表明し取り扱う必要が起こる。それと比較すると,本方法においては自身の個人的内容ではなく,セラピストとしての体験を素材にすることができる。

それをメリットと考えるかどうかは各人の感じ方や必要性によると思われるが,リスナーとの一対一の関係のもとで自分自身が感じていることを味わっていくセラピスト・フォーカシングの作業は,初心のセラピストにとって,

他者に傾聴され受けとめられることで自己吟味や自己理解が進むという意義ある経験をもつ機会になると考えられる。

2. セラピスト以外の対人援助職への適用

セラピスト・フォーカシングは，セラピストのためにフォーカシングを生かす方法として開発されたものである。しかし，前述したような主体感覚の希薄化した体験は，心理療法を行うセラピストだけでなく，対人援助職全般に共通して起こりうる危機的状況であると考えられる。

ここで対人援助職と呼んでいるのは，セラピスト以外に，教師，看護師，医師，ケースワーカー，介護士，保育士など，被援助者と直接の人間関係を築きながら，心理面を含めて相手を援助することを職業としている人たちの総称である。対人援助職にある者は皆，職業上の責任のもとで，相手との直接の人間関係を営んでいる。

対人援助職にある者は，相手との直接のやりとりから，さまざまな心理的波紋を投げかけられる。しかしそれに対して個人的な感情によって反応してしまうのではなく，それらの感情を自分の内側で消化するとともに，相手に対しては援助的な姿勢（教師であれば教育的な姿勢，看護師や医師であれば医療的な意味で適切と考えられる姿勢）で応対することが必要になる。

だが，自分の内側に広がった波紋を自分自身で整理・消化することが不十分な状態が長く続くと，自分の心という器が満杯になってしまい，「これ以上はもう入らない」状態になる。そうなると，被援助者からメッセージが発せられていても，それを情緒的に受けとめることができなくなり，機械的な応対，事務的な応対になってしまうおそれがある。あるいは，援助者としての配慮を欠いた個人的な感情での反応になってしまう危険性もある。これらは，対人援助職に求められる職業的な人間関係が困難になっている状態と言わねばならないであろう。すなわち，燃え尽き（バーンアウト）症候群と呼ばれる事態である。

そのようなリスクを抱えた対人援助職にとって，自身が被援助者各人あるいは職場全般に対して感じていることをゆっくりと振り返り，味わうことで，それを整理し，吟味していくことは，自分の心の器に溜まった蓄積物を消化し，次の刺激を受け入れるためのキャパシティを回復するための大切な作業になるのではないだろうか。すなわち，本書で「セラピスト・フォーカシング」と呼んで提案してきた方法は，セラピストだけでなく対人援助職全般にとって必要かつ有益なものではないかと筆者は考えている。

このように，「セラピスト・フォーカシング」はセラピストを対象にした方法というだけに留まらず，「対人援助職のためのフォーカシング」へと適用範囲を広げていく必然性を有していると考えられる。この方法は，セラピストのセルフケアのための方法として開発されたものであるが，本来的に，対人援助職全般に共通するリスクをケアするための方法なのである。

もちろん，対人援助職全般に共通する心理がある一方で，それぞれの職業には背景となる文化や社会からの捉えられ方があるため，教師の体験には教師として固有の心理，看護師の体験には看護師として固有の心理がある（落合，2009）。フォーカシングをセラピスト以外の職種に適合したものにしていくには，そのような固有の背景やそれによって生じる心理面に配慮した方法を考案していく必要があると考えられる。

すでに，看護師を対象にセラピスト・フォーカシングを実施した結果をまとめた研究（牛尾，2009）が行われているが，今後はさまざまな対人援助職を対象にして，セルフケアの手段としてフォーカシングを活かす方法の開発や，その効果や意義に関する研究を行っていく必要があると考えられる。

第12章 セラピストの生涯発達を考える：本方法を考案した契機との関連を含めて

　本書ではここまで，セラピスト・フォーカシングについて，さまざまなセッション例をもとに紹介してきた。この章では，本書の締めくくりとして視野を広げ，セラピストとしての生涯発達を考える観点から，セラピスト人生の後半における課題とそれに向き合うための手掛かりについて考えてみたい。

　セラピスト人生の前半においては，心理療法の仕事に従事しながらセラピストとしての自身のアイデンティティを固めていくことが課題となる。その後は臨床経験を積み重ねながらそれを深めていくことになるが，セラピスト人生の後半には，前半の時期とは異なる固有の課題が待ち受けているように思われる。セラピストとしてのアイデンティティを確立し，職業人として自立した存在になることで，完成に至るわけではないのである。

　セラピストとしての人生の後半においても，さまざまな課題に直面しながら自分自身の内面とやりとりを行うことが求められる。セラピストの仕事を続けるうえで常に自分自身の感情体験に向き合う必要があることを第1章で述べたが，そのことは，セラピストとしての生涯を通じて重要な事柄であるように思われる。

　筆者自身はそのような内的作業を行う過程で，セラピスト・フォーカシングという方法を考案することになった。本章では，この時期に生じるさまざまな課題や，それらへの向き合い方について考えるなかで，筆者がセラピスト・フォーカシングを考案した契機についても述べることにしたい。

　本章で論じることは，筆者自身の個別的な経験をもとにした考えであるため，どの程度一般化できるものか筆者にもよくわからないところがあるが，どこかで読者の方々の参考になれば幸いである。

1. セラピストとしての熟練とクライエント側の受けとめ方

　セラピストとしての基本的な訓練を受けた後，多くの心理療法面接の実践を積み，経験年数を重ねていくことにより，私たちはセラピストとして熟練ないし成熟していく。それは確かにそうなのであるが，しかし果たして経験年数の積み重ねは，直線的に，臨床家としてより優れた存在になっていく（つまりクライエントにとって，より役に立つ存在になっていく）ことを意味していると考えてよいのだろうか。筆者は自分自身のこれまでの歩みを振り返ったとき，セラピストとしての熟練の過程をそのような視点のみから捉えたのでは十分でないように思う。

　あるクライエントに20代のセラピストが関わる場合と，同じクライエントに50代のセラピストが関わる場合とを，比較してみよう。

　20代のセラピストは臨床経験がまだ乏しいため，荒削りだったり，理解が不十分だったりするところはあるかもしれない。しかし，その関わり方が率直であることや，相手の語る言葉を素直に聴いて受けとめようとする面がクライエントとうまくフィットすれば，大きな援助的な力を生み出すこともあると考えられる。

　一方，50代のセラピストは多くの臨床経験を積んできているため，ある程度先を見通すことができるであろうし，そのクライエントに対してポイントをつかんだ関わり方を見つけることが可能であろう。したがって，20代のセラピストと較べると，クライエント各人にそれなりに工夫して対応していけると考えられる。しかし先を見通しながら関わっているセラピストの姿は，クライエントの側からは，どことなく距離が遠くに感じられるかもしれない。ポイントをつかんだ関わりは，クライエントには，素手ではなく技術的に関わられている印象を与えるかもしれない。

　セラピストとしてのこの両者の違いを，どのように考えるべきであろうか。筆者は，この両者を比較して，どちらがセラピストとして優れているかを問う視点だけでは不十分であるように思う。臨床経験を積んでそれを次に活か

していくことは，たしかに臨床家としての力量を高めていく。しかしクライエントの側からそれを見たときには，両者の違いは，優劣の問題とは異なる面をもつと考えられるからである。

　セラピストの側は臨床経験を重ね，そこから学ぶことによって，自分が臨床家として成熟した存在になるべく努力をしている。すなわち，自身を成長すべき存在としてとらえて，そのための修練を積んでいる。しかしクライエントの側からすると，「若い先生」「お兄さん（お姉さん）のような存在」には固有の魅力があると思われる。一方，臨床経験を多く積んだ「ベテランの先生」「おじさん（おばさん）のような存在」には，それとは異なる味を感じるであろう。その違いは優劣ではなく，質の違いである。

　つまり筆者が言いたいのは，あるクライエントの前に立ったときには，臨床経験の少ない若手のセラピストであっても，多くの経験を積んだベテランのセラピストであっても，同等の立場だということである。そこには質の違いはあるけれども，優劣はつけにくい。そこにあるのは，相手にとって果たして今の自分が役立つ存在になれるかどうか，ということのみである。

　したがって，20代，30代のときにはその年齢でのクライエントとの関わり方があるが，50代になったセラピストはそれとはまた異なる関わり方を模索し，発見していく必要がある。年齢を重ねながら，常に工夫を続けていかなければならないのである。いくら経験を積んだとしても，以前よりたやすく心理療法の仕事ができるようになるわけではない。性別や年齢や経験の量という背景をもった「今の私」が「今，目の前にいるクライエント」と出会い，お互いに関わっていくための努力を始めるのである。

　このように，心理療法の仕事は，経験年数を積んでいっても模索と工夫の連続である。それまでの経験から模索の仕方はだいぶ身について上手になっているかもしれないが，模索そのものはなくならない。それをこの仕事の難しさ，困難さと感じるセラピストもいるかもしれないが，逆に考えれば，いつまでも飽きることなく修練を積んでいける仕事と言うこともできる。この仕事を長く続けるには，そのような捉え方も必要になるのではないだろうか。

2. セラピスト人生の後半を迎える時期の課題

上記のことに加えて，セラピストとしての人生の後半には，その時期に固有のさまざまな課題が待ち受けているように思う。ここではそれを3点，述べていきたい。

1点目は，職場における運営や管理に関する仕事が増大していくことである。これは，ある職場における職業人としては，大切な仕事である。所属する職場において，年齢とともにしだいに，重要な案件に関与することが求められるようになるであろう。職場によっては，セラピストとしての立場を代表して意見を述べたり，提案を行うようなことも起こってくる。セラピストの職場環境を整え，改善するための，重要な役割を担う機会も生じるかもしれない。しかしそのような業務に忙殺されると，クライエントと直接関わる時間は少なくなる。肝心のセラピストとしての仕事からはしだいに離れていくことにもなりかねない。運営や管理の仕事を年齢相応に引き受けながら，なおかつセラピストとしての修練を続けることは，なかなか困難な課題である。

2点目は，加齢により気力や体力が衰えていくことである。プレイセラピーは別にして，心理療法の仕事はあまり大きな体の動きを必要としないので，体力の衰えはそれほど大きな問題にはならないと思われているかもしれない。しかし心理療法は，途切れることなく注意の集中を求められる仕事である。面接の場では，クライエントから発せられる言葉，態度，雰囲気に一貫して注意を向け続ける必要があり，途中で集中を絶やすことができない。したがって，その仕事を続けるためには，十分な気力と体力が必要である。多くのセラピストは，勤務時間の大部分を心理療法面接の仕事に費やした後は，かなり消耗を感じるのではないだろうか。ましてや，持病を抱えていたり，体に痛みなどがある場合には，なかなかクライエントに集中することが難しくなると思われる。年齢とともに気力や体力が衰えていくなかでセラピストとしての力量を保つのは，容易ではない。

3点目は，社会的な地位の確立による気の緩みである。これもなかなか，難敵である。年齢が加わるにつれて，社会的な立場や地位を与えられるようになり，周囲からそれなりの敬意や配慮を得られるようになると，若い頃のような緊張感は感じにくくなる。若い頃は，果たしてこの仕事で一人前になれるのだろうか，心理療法を職業にして生計を立てていけるのだろうか，という不安や緊張感のなかで仕事をしている。しかし年齢とともにそれがある程度認められ，地位や立場が保証されるようになると，緊張が緩んでくるのは当然とも言えるであろう。このような気の緩みは，居心地が悪くはないが何か締まりのない奇妙な不全感，目標意識が薄れて先が見えにくくなる混濁感，どことなく物足りずに日々を過ごしているような空虚感として感じられるものではないだろうか。そして逆説的だが，自分のなかの不安や緊張がかつてよりも減少していることに対して，不安や焦りを感じるような状況が起こる。この時期のセラピストは，自身の内側に生じたそのような状況に直面しながら，自分の進むべき次の一歩を見つけていかなければならない。

　以上，筆者自身も経験してきたセラピスト人生後半の課題を3点，述べてきた。これらの課題にうまく向き合えず，それらがもつ力に流されていくと，セラピストとしての力量は急速に低下していくおそれがある。これまで努力して模索しながら歩みを進めてきた道のりに雑草が生い茂り，へたをすると，自分の後ろにも前にも道を見失って，草むらのなかに立ち往生しかねない危機である。

3．臨床実践の機会を確保することの重要性

　前節で筆者は，セラピスト人生の後半にさしかかる時期において，クライエントと直接関わる時間が減少し，心理療法の仕事からしだいに離れていく状況が生じるおそれがあることを述べた。この時期になると，どうしても担当できるクライエントの数は減少しがちである。それは致し方ないことであるが，そのような状況のなかでも私たちセラピストはやはり，臨床実践の機

会をできるだけ確保していく必要がある。そのことをベテランのセラピストの多くが実感しているであろう。しかし、それはどうしてなのだろうか。なぜそれが不可欠なのだろうか。そのことについて考えてみよう。

　ここでは、心理療法を行ううえでセラピストに必要となる2つの目線を、「アリの目線」、「鳥の目線」と呼んで検討していきたい。

　「アリの目線」とは、視界不良な地面を這いながら、探索的に関わって心理療法の道筋を発見していこうとするような目線である。セラピストは、クライエントの折々の発言や心の動き、状況の変化に揺さぶられながら、先を見通そうと探索的に関わっている。クライエントの予想外の言動に応じて、それまでの仮説を修正しつつ理解を深めていくこともまれではない。その状況は、アリが目の前の石や枯れ葉に視界を遮られて先を見通せず、視界不良のなかで歩んでいる姿と似ている。セラピストは、先を見通しにくい状況のなかで、手掛かりを発見して先を読み、相手に働きかけ、それに対する相手の反応を観察しながら、さらに先を読んでいくような作業を繰り返すのである。

　一方、「鳥の目線」とは、心理療法の経過や事例の臨床上の問題点などを俯瞰的に眺める目線である。それは上空からの目線であり、目の前の小石や枯れ葉などに過度に影響されず、全体像を眺めてポイントをつかむような目線と言えるであろう。この鳥の目線は、アリの目線でクライエントに探索的に関わる繰り返しを経て、しだいにセラピストのなかに焦点を結んでくるものである。はじめはぼんやりした姿だったクライエント像がしだいにくっきりしてきて、「このクライエントを理解するポイントは、どうもこのあたりのようだ」と事例の姿が浮かび上がり、焦点を結ぶようになっていくのである。しかしそこで焦点を結んだ事例像は、あくまで仮説的なものである。その仮説を念頭に置きながら、探索と関わりをさらに繰り返すことで、仮説は再び修正されるかもしれない。

　セラピストとしての臨床経験を積み始めた頃の筆者は、アリの目線のみでクライエントに関わりがちであり、それをもとにして事例像を描き出すよう

な鳥の目線をもつことが難しかった。スーパービジョンや内輪の事例検討会などでコメントをもらうことによって，鳥の目線を辛うじて確保していたと言える。このような，目の前のことに振り回されてアリの目線に終始するあり方は，臨床経験の浅いセラピストに共通して見られる傾向と言えるであろう。

　心理療法の仕事においては，アリの目線（地上目線）での関わりをもとに鳥の目線（上空目線）を獲得し，さらにそこで得られた視点をもとに地上に降りてクライエントに関わるというような，2つの目線の往復運動が重要となる。地上と上空を行ったり来たりしながら，仮説と検証の作業を繰り返すのである。

　さて，ではベテランのセラピストの置かれている状況はどうだろうか。臨床経験を積み重ねて指導者的な役割が増えてくる時期になると，上記の2つの目線のうち，鳥の目線による仕事が増えてくる。論文の執筆などはもちろんであるが，他のセラピストの担当事例へのコメント，スーパーバイザーの仕事なども，鳥の目線によるところが大きい。自分自身が担当している継続中の事例に較べて，他のセラピストの担当事例は，全体像を眺めて把握することがはるかに容易に感じられるものである。

　しかし，臨床実践の機会が減り，鳥の目線による仕事が増えてくると，いつの間にか鳥の目線のみが肥大し，アリの目線による探索的な作業に身を置くことが難しくなる。心理療法においては本来，鳥の目線は，アリの目線でのクライエントとのやりとりの繰り返しのなかから生み出されるものである。アリの目線を経ることなしに鳥の目線のみを使うような作業は，セラピストとしてのあり方とは基本的に異なっている。このため，そのような状況はセラピストを窒息させることになる。アリの目線でのクライエントとのやりとりは，セラピストとしての呼吸のようなものであり，それなしではセラピストの感覚を維持することが難しくなるのである。

　このように考えてくると，この時期のセラピストが置かれる状況は，なかなか厳しいものがある。セラピスト人生の後半は，前半とはまた異なる意味

での険しい道のりと言えるかもしれない。もちろん，この時期にセラピストとしての実務からしだいに遠ざかり，それまでのセラピストとしての経験を活かしながら別の立場へと自らのアイデンティティを転換していくような人生設計もありうる。どこかの時点でセラピストとしての職業人生が終わりを迎えることも，視野に入れておくべきかもしれない。しかし，自らのアイデンティティをセラピストの立場に置いている限りにおいては，臨床実践の機会を確保し続ける必要がある。この時期は，自らの職業人生における大きな分岐点であり，外側の環境からの期待と自身の内側からの欲求との双方に向き合いながら，各人がそれぞれ固有の歩みを見つけていかねばならないようである。

4. フェルトセンスを手掛かりに自分自身に向き合う作業

このような，セラピスト人生の後半の危機に，どのように向き合ったらいいのだろうか。おそらくその手掛かりは，セラピスト各人が自分に見合ったものを見つけていくべきなのであろう。ただ言えることは，第1章にも述べたが，私たちセラピストはクライエントの心についてだけではなく，私たち自身の心をどのように取り扱うかということにも同じくらい，自らの専門性を発揮していく必要があるということである。

ここでは，この危機に向き合うための，筆者自身にとっての手掛かりになったことを述べてみたい。それは，筆者がセラピスト・フォーカシングという方法を考案した契機にもつながるものだからである。

筆者にとってフォーカシングは，心理療法を行ううえでの方法である以前に，自分自身に向き合うさいの方法である。それを方法という言い方で呼ぶのは適切でないかもしれない。日常とは異なる特別な方法としてそれを用いているのではなく，フォーカシングで身につけた感じ方が習慣になり，それが自然と，自分に向き合うさいの感じ方にもなっているようなものだからである。

筆者は自分自身が本章の2節や3節に述べたような外的・内的な状況に置かれて、セラピスト人生後半の危機状態にあったさい、自分の内側に感じられている不愉快な重さ、けだるさ、混濁感を、フォーカシング的な感じ方で繰り返し感じ続けていた。自分に対する焦りとも怒りともつかないような粘着質のフェルトセンスを感じ、それと終わることのないやりとりを行っていた。時には、自分の感じていることを文字に表してみたくなり、感じたままをノートに書きなぐったり、別の時にはその気分を晴らすために絵を描こうとしたこともあった。そのような筆者の内的な作業は1～2年ほど続いたように思う。そしていつの間にか、内面にあった焦燥感やねっとりとした気味の悪い重さは薄らいでいった。

　筆者がセラピスト・フォーカシングのアイデアを得たのは、そのような危機状態のさなかであった。ふとしたきっかけからその発想が頭に浮かび、それを自分のなかで吟味しながら膨らませ、技法として具体化するための手順を考案していった。そしてそれを何人かのセラピストに試し、その結果を検討することによって、その有用性や意義を確かめていった。そのようにして本方法は生まれたのである。

　この方法を考案し、それが多くのセラピストに役立つ方法であることを確かめていく作業を行うなかで、しだいに筆者の気力や意欲が回復してきた。心理療法に取り組むさいの集中力も少しずつ戻ってきた。ジェンドリン流に言えば、フェルトセンスに触れる作業を続けることによって、それに含意されていた次の一歩を見出すというプロセスが生じたとも考えられる。

　このように振り返って考えると、セラピスト・フォーカシングという方法は、筆者がセラピストとしての危機を感じていたさいに自らが行った内的作業を原型にして生まれたものかもしれない。「セラピストが自身の内面のフェルトセンスに触れることによって、自分の心を吟味整理していく」というセラピスト・フォーカシングのテーマは、その頃の筆者自身のテーマそのものであったように感じるからである。

　このような自己の内面への取り組みと、自分自身の歩むべき次の道筋の発

見は，それぞれのセラピストが独自の姿勢や方法で行ってきていると考えられる。筆者にはここで述べたような歩みが生じたわけであるが，各人の置かれた外的状況や内的条件はそれぞれ異なる。それらとの対話を丁寧に続けることが，次のステップにつながると言えるであろう。

＊本章の2節と3節は，「第2回ベテラン臨床心理士のための研修会」（日本臨床心理士会研修委員会主催　2009年）でのパネルディスカッションにおいて，「臨床心理士の生涯発達を考える」の題目で発言した内容の一部をもとに，新たに書き下ろしたものである。

文　献

天羽和子（2005）子どもとフォーカシング．伊藤義美編著『フォーカシングの展開』，ナカニシヤ出版，203-216.

馬場禮子（2001）スーパーヴァイザーとスーパーヴァイジーの相互関係．鑪幹八郎・滝口俊子編著『スーパーヴィジョンを考える』，誠信書房，42-51.

近田輝行（1995）カウンセラーがフォーカシングを学ぶことの意味．村瀬孝雄・日笠摩子・近田輝行・阿世賀浩一郎著『フォーカシング事始め——こころとからだにきく方法』，215-230，日本・精神技術研究所．

近田輝行（2009）フォーカシング指向心理療法の基礎概念——体識と対人的相互作用．諸富祥彦編著『フォーカシングの原点と臨床的展開』，岩崎学術出版社，149-188.

Cornell, A. W. (1994) *The Focusing Student Manual, Third Edition.* Focusing Resources.（村瀬孝雄監訳　大澤美枝子訳『フォーカシング入門マニュアル　第3版』，金剛出版，1996）

Cornell, A. W. & McGavin, B. (2002) *The Focusing Student's and Companion's Manual.* Calluna Press.（大澤美枝子・上村英生訳『フォーカシング・ニューマニュアル——フォーカシングを学ぶ人とコンパニオンのために』，コスモス・ライブラリー，2005）

Coster, J. and Schwebel, M. (1997) Well-functioning in professional psychologists. *Professional Psychology, Research and Practice,* 28(1), 5-13.（大井妙子・北野祥子・村上博志・瓜生樹実子・吉良安之訳　心理臨床家として十分に機能すること．九州大学総合臨床心理センター紀要，1，235-247，2009）

藤嶽大安・渡邊邦子・森尾邦江・阿世賀浩一郎（2005）フォーカサーとリスナーの間の共感的な理解を連続的に照合するグループ・フォーカシングの試み——藤嶽法第2法（CT-MRI法）．日本人間性心理学会第24回大会プログラム・発表論文集，71-72.

Fukumori, H. & Kira, Y. (2006) The possibilities of focusing for therapists. *International Congress of Psychotherapy in Japan*（国際サイコセラピー会議イン・ジャパン），Tokyo.

Gendlin, E. T. (1961) Experiencing: a variable in the process of therapeutic change. *American Journal of Psychotherapy,* 15, 233-245.（村瀬孝雄訳　体験過程——治療による変化における一変数．『体験過程と心理療法』，ナツメ社，19-38，1981）

Gendlin, E. T.(1964)A theory of personality change. In Worchel, P. & Byrne, D.(Eds.) *Personality Change*. John Wiley, 100-148.（村瀬孝雄訳　人格変化の一理論．『体験過程と心理療法』，ナツメ社，39-157，1981；村瀬孝雄・池見陽訳　人格変化の一理論．E. ジェンドリン・池見陽著『セラピープロセスの小さな一歩——フォーカシングからの人間理解』，金剛出版，165-231，1999）

Gendlin, E. T. (1968) The experiential response. In Hammer, E. (Ed.) *Use of Interpretation in Treatment*. Grune & Stratton, 208-227.

Gendlin, E. T.(1981)*Focusing, 2nd ed.* Bantam Books, New York.（村山正治・都留春夫・村瀬孝雄訳『フォーカシング』，福村出版，1982）

Gendlin, E. T. (1986) *Let Your Body Interpret Your Dreams*. Chiron Publications.（村山正治訳『夢とフォーカシング——からだによる夢解釈』，福村出版，1988）

Gendlin, E. T. (1996) *Focusing-Oriented Psychotherapy : A Manual of Experiential Method*. The Guilford Press.（村瀬孝雄・池見陽・日笠摩子監訳『フォーカシング指向心理療法（上）（下）』，金剛出版，1998/1999）

Gendlin, E. T. (2004) Introduction to Thinking At the Edge. *The Folio*, 19(1), The Focusing Institute.

池見陽（1984）フォーカシングの理論的枠組．村山正治・増井武士・池見陽・大田民雄・吉良安之・茂田みちえ著『フォーカシングの理論と実際』，福村出版，20-24.

池見陽・河田悦子（2006）臨床経験が浅いセラピストとのセラピスト・フォーカシング事例——トレーニング・セラピーの要素を含むセラピスト援助の方法について．心理相談研究（神戸女学院大学大学院人間科学研究科心理相談室紀要），7，3-13.

池見陽・矢野キエ・辰巳朋子・三宅麻希・中垣美知代（2006）ケース理解のためのセラピスト・フォーカシング——あるセッション記録からの考察．ヒューマンサイエンス（神戸女学院大学人間科学研究科紀要），9，1-13.

井上澄子（2001）心理療法の質を高めるフォーカシング．伊藤研一・阿世賀浩一郎編『現代のエスプリ410　治療者にとってのフォーカシング』，至文堂，184-193.

伊藤研一（1999）カウンセリング訓練に求められる要素の考察——フォーカシングで劇的な変化が生じた一大学院生の事例から．人間性心理学研究，17(2)，187-197.

伊藤研一（2006）試行カウンセリングのケースに適用したセラピスト・フォーカシング．学習院大学文学部研究年報，53，209-228.

伊藤研一・山中扶佐子（2005）セラピスト・フォーカシングの過程と効果．人文（学習院大学人文科学研究所），4，165-176.

Jaison, B. (2007) *Integrating Experiential and Brief Therapy : How To Do Deep Therapy-*

Briefly and How To Do Brief Therapy-Deeply: A Guide for Therapists, Counselors and Clients, Second Edition. National Library of Canada.（日笠摩子監訳　久羽康・堀尾直美・酒井茂樹・橋本薫訳『解決指向フォーカシング療法——深いセラピーを短く・短いセラピーを深く』，金剛出版，2009）

金沢吉展・岩壁茂（2006）心理臨床家の専門家としての発達，および，職業的ストレスへの対処について——文献研究．明治学院大学心理学部付属研究所紀要，4，57-73.

吉良安之（1986）フォーカシングの方法．前田重治編『カウンセリング入門——カウンセラーへの道』，有斐閣，220-232.

吉良安之（2002a）フォーカシングを用いたセラピスト自身の体験の吟味——「セラピストフォーカシング法」の検討．心理臨床学研究，20(2)，97-107.

吉良安之（2002b）『主体感覚とその賦活化——体験過程療法からの出発と展開』，九州大学出版会．

吉良安之（2002c）主体感覚論からセラピストフォーカシングへ．村山正治・藤中隆久編『クライエント中心療法と体験過程療法——私と実践との対話』，ナカニシヤ出版，202-214.

吉良安之（2003）対人援助職を援助する——セラピストフォーカシング．村山正治編『現代のエスプリ別冊　ロジャース学派の現在』，至文堂，184-192.

Kira, Y.（2003）Focusing for therapists. *15th International Focusing Conference*, Pforzheim, Germany.

吉良安之（2005）セラピスト・フォーカシング．伊藤義美編著『フォーカシングの展開』，ナカニシヤ出版，49-61.

吉良安之（2009）日々の臨床実践の土台としてのフォーカシング．諸富祥彦編著『フォーカシングの原点と臨床的展開』，岩崎学術出版社，189-228.

Kira, Y.（2009）The significance of focusing for therapist: Therapist Focusing. *Focusing-Oriented Psychotherapies: First World Conference.* Stony Point, New York.

吉良安之・田村隆一・岩重七重・大石英史・村山正治（1992）体験過程レベルの変化に影響を及ぼすセラピストの応答——ロジャースのグロリアとの面接の分析から．人間性心理学研究，10(1)，77-90.

吉良安之・大桐あずさ（2002）セラピストフォーカシングの1事例——セラピストとしての自分の体験へのフォーカシング．学生相談（九州大学学生生活・修学相談室紀要），4，26-37.

吉良安之・兒山志保美（2005）セラピスト体験の自己吟味過程——セラピスト・フォー

カシングの1セッション．学生相談（九州大学学生生活・修学相談室紀要），7，55-65．

吉良安之・白石恵子（2008）フェルトセンスを手掛かりにした臨床現場での心理士としての立ち位置の吟味――セラピスト・フォーカシングの役立て方．学生相談（九州大学学生生活・修学相談室紀要），10，76-85．

Klein, J.（2001）*Interactive Focusing Therapy: Healing Relationship*. Evanston.（諸富祥彦監訳　前田満寿美訳『インタラクティヴ・フォーカシング・セラピー――カウンセラーの力量アップのために』，誠信書房，2005）

Klein, M. H., Mathieu, P. L., Gendlin, E. T. & Kiesler, D. J.（1970）*The Experiencing Scale: A Research and Training Manual (Vol. 1)*. Wisconsin Psychiatric Institute.

倉戸ヨシヤ（1989）ゲシュタルト療法．河合隼雄・水島恵一・村瀬孝雄編集『臨床心理学大系第9巻　心理療法3』，金子書房，123-145．

Madison, G.（2001）Focusing, intersubjectivity, and "therapeutic intersubjectivity". *Review of Existential Psychology and Psychiatry*, 26, 3-16.

Madison, G.（2004）Focusing-oriented supervision. In Tudor, K. & Worrall, M.（Eds.）*Freedom to Practise: Person-centered Approaches to Supervision*. PCCS Books, 133-151.

丸田俊彦・森さち子（2006）『間主観性の軌跡――治療プロセス理論と症例のアーティキュレーション』，岩崎学術出版社．

増井武士（1994）『治療関係における「間」の活用――患者の体験に視座を据えた治療論』，星和書店．

真澄　徹（2009）初心心理臨床家におけるセラピスト・フォーカシングの意味．人文（学習院大学人文科学研究所），8，129-148．

McEvenue, K.（2002）*Dancing the Path of the Mystic*. Self-published monograph.（土井晶子著・訳『ホールボディ・フォーカシング――アレクサンダー・テクニークとフォーカシングの出会い』，コスモス・ライブラリー，2004）

三宅麻希・松岡成行（2007）セラピスト・フォーカシングにおけるケース理解の体験過程様式――対人援助職とのフォーカシング・パートナーシップの1セッションからの考察．関西大学文学部心理学論集，1，59-71．

諸富祥彦（2009）フォーカシングの原点――その哲学の基本的特質及びロジャーズとの関係．諸富祥彦編著『フォーカシングの原点と臨床的展開』，岩崎学術出版社，3-41．

村里忠之（2005）「TAE: Thinking At the Edge（辺縁で考える）」あるいは「未だ言葉の欠けるところ Wo noch Worte fehlen」．伊藤義美編著『フォーカシングの展開』，

ナカニシヤ出版，33-47.

村瀬孝雄（1981）本書理解のために——新版序文にかえて．ジェンドリン著　村瀬孝雄訳『体験過程と心理療法』，ナツメ社，xiii-xxvi.

村山正治（1984）プレイセラピストの訓練にフォーカシングを適用した1事例．日本心理学会第48回大会発表論文集，788.

Neufeldt, S. A.（1999）*Supervision Strategies for the First Practicum, 2nd ed.* American Counseling Association.（中澤次郎監訳　澤田富雄・寺田正美・林潔・宮城まり子・米岡清四郎・工藤裕美共訳『スーパービジョンの技法——カウンセラーの専門性を高めるために』，培風館，2003）

西園昌久（1994）スーパービジョン論．精神療法，20(1)，3-10.

新田泰生（2004）グループ・フォーカシングに関する事例研究．桜美林論集，31，137-152.

落合美貴子（2009）『バーンアウトのエスノグラフィー——教師・精神科看護師の疲弊』，ミネルヴァ書房．

小此木啓吾（2001）スーパーヴィジョン——精神分析の立場から．鑪幹八郎・滝口俊子編著『スーパーヴィジョンを考える』，誠信書房，13-41.

Racker, H.（1968）*Transference and Countertransference.* Hogarth Press.（坂口信貴訳『転移と逆転移』，岩崎学術出版社，1982）

Rappaport, L.（2009）*Focusing-Oriented Art Therapy : Accessing the Body's Wisdom and Creative Intelligence.* Jessica Kingsley Publishers.（池見陽・三宅麻希監訳『フォーカシング指向アートセラピー——からだの知恵と創造性が出会うとき』，誠信書房，2009）

Rogers, C.（1957）The necessary and sufficient conditions of therapeutic personality change. *Journal of Consulting Psychology,* 21(2), 95-103.（伊東博訳　セラピーにおけるパーソナリティ変化の必要にして十分な条件．伊東博・村山正治監訳『ロジャーズ選集（上）——カウンセラーなら一度は読んでおきたい厳選33論文』，265-285，誠信書房，2001）

白石恵子・吉良安之（2005）セラピストフォーカシングの有用性に関する一考察——がん患者の心理面接の事例を通して．日本人間性心理学会第24回大会プログラム・発表論文集，131-132.

Spillius, E.（Ed.）（1988）*Melanie Klein Today, Volume I.* Routledge.（松木邦裕監訳『メラニー・クライン トゥデイ①——精神病者の分析と投影同一化』，岩崎学術出版社，1993）

鑪幹八郎（1977）『試行カウンセリング』，誠信書房．

徳田完二（2009）『収納イメージ法――心におさめる心理療法』，創元社．

得丸さと子（2008）『TAEによる文章表現ワークブック――エッセイ，自己PR，小論文，研究レポート……，人に伝わる自分の言葉をつかむ25ステップ』，図書文化．

土江庄司（2005）グループ・フォーカシングの研究．日本人間性心理学会第24回大会プログラム・発表論文集，157-158．

土江正司（2008）『こころの天気を感じてごらん――子どもと親と先生に贈るフォーカシングと「甘え」の本』，コスモス・ライブラリー．

牛尾幸世（2009）緩和ケアに携わる看護師に対する心理的援助――セラピスト・フォーカシングを活用した看護師の感情体験を支える方法の試み．福岡大学大学院人文科学研究科教育・臨床心理専攻平成20年度修士論文．

Winnicott, D.（1986）*Holding and Interpretation : Fragment of an Analysis*. Hogarth Press.（北山修監訳『抱えることと解釈――精神分析治療の記録』，岩崎学術出版社，1989）

あとがき

　筆者が「フォーカシングをセラピストのために活かしたい。その方法を考えたい」というセラピスト・フォーカシングの基本的なアイデアを思いついたのは，ちょうど10年ほど前であった。そして，その手順を考え，何人かのセラピストの方々に試行して手応えを感じ，それをまとめて最初の論文にしたのが，2002年のことであった。

　その後，この方法を実践しながら検討を重ねてきた。2004年度からは3年間，「セラピストフォーカシング法の開発に関する研究」のテーマで文部科学省科学研究費補助金（萌芽研究）を得て，研究を進めた。この研究には，筆者（研究代表者）に加えて，研究分担者として，池見陽氏（関西大学），伊藤研一氏（学習院大学），福留留美氏（九州大学），田中健夫氏（当時九州大学，現在山梨英和大学）に参加していただき，フォーカシングのみならず，イメージ療法や精神分析という他の心理療法の視点も加えながら，この方法の開発に取り組んだ。

　この研究は，吉良，池見，伊藤が各自の考え方にもとづいてそれぞれの地域で実践を行い，その成果を持ち寄って年に1回，福岡で会議を行う形態で行われた。会議には，上記の方々以外にも，近田輝行氏（東京女子大学），村里忠之氏（帝京平成大学）らをはじめとして，この方法に関心をもつ多くの研究者や実践家に参加していただいた。

　本方法についての，池見，伊藤，筆者の3名の指向性や重視する点はそれぞれ微妙に異なっていたため，それを活かして研究が進められた。その成果は，本書のなかに引用した池見・伊藤両氏の研究論文などにも示されている。われわれ3名による複眼的な視点をもったことが，本方法を開発するうえで，きわめて有益であったように思われる。

このような経験と研究の蓄積を経て，その後筆者は，この方法をさまざまな臨床家に体験してもらうためのワークショップを開催するようになった。福岡地区では，クアモト美穂氏（唐津市青少年支援センター）が中心になって企画し，福盛英明氏（九州大学）や森川友子氏（九州産業大学）とともに，合わせて4名の講師によるワークショップを数回開催した。同じく福岡の「九州大学こころとそだちの相談室」（通称「こだち」）でも，ワークショップを例年開催してきた。

また東京では，日本心理臨床学会第28回春季大会ワークショップやフォーカシング・トレーナーズ主催のワークショップ（世話人：茂木直子氏・堀尾直美氏）において，高橋寛子氏（神奈川大学）とペアを組んで講師を務めた。加えて，東京品川ではセラピスト・フォーカシングを行う少人数の内輪の集まりが継続的に開催されており，それにときどき参加するのも，筆者にとって楽しい機会になっている。

これら多くのフォーカシング研究者や臨床家の方々との実践や交流のなかで，本方法は育ってきたように思う。本書には，これまでの実践のなかから代表的なセッション例を紹介したが，これらはいずれも筆者にとって，大きな示唆を得られた貴重な経験であった。掲載を許可していただいた7名のセラピストの方々に，心より感謝申し上げる。また，上にお名前を挙げた方々や直接お名前を挙げることのできなかった多くの方々に，研究を進めるうえでのさまざまな刺激をいただいた。深くお礼を申し上げたい。

本書を読んで，セラピスト・フォーカシングに関心をもち，自分も体験してみたいと考えた方には，まずどこかのワークショップに参加することをお勧めする。そのうえで，近隣の人たちとこの方法を実践する仲間を作り，相互にフォーカサー，リスナーを務めながら経験を積んでいくのがよいだろう。本方法のワークショップ開催の情報を知るには，日本フォーカシング協会のホームページを見ていただきたい。さらに，本協会の会員になれば，年4回ニュースレターが届くので，より多くの情報を得ることができる（入会方法についても，協会ホームページを参照されたい）。また，フォーカシングに

関する国際的な情報や研究動向を知るには，TFI（The Focusing Institute）のホームページを見るとよいだろう。日本語のページも開設されており，世界各地で開催されているワークショップの情報や，フォーカシング関連の主な論文なども入手可能である。以下に，両ホームページのアドレスを記載しておく。

＊日本フォーカシング協会　　　　　http://www.focusing.jp/
＊The Focusing Institute　　　　　http://www.focusing.org/

　セラピストや対人援助職の方々が，まずはフォーカシングの感じ方，体験の仕方に親しんだうえで，それを自分の職業体験を振り返って吟味するための方法として活かしていただけたら幸いである。
　さいごになったが，本書の出版にあたっては，岩崎学術出版社編集部の布施谷友美氏に大変お世話になった。ふだんの臨床業務に追われてなかなか筆が進まず，ご迷惑をおかけしたこともあったが，氏の迅速で手際よい編集業務に助けられて，ようやく出版にこぎつけることができた。心よりお礼を申し上げたい。

　2010年　猛暑の夏の終わりに記す

吉良　安之

索　引

あ行

アリの目線　　182
暗々裡　　3, 20, 33
EXPスケール　　19, 21
イメージ　　24, 44, 48, 68
エクスペリエンシング　　18, 19, 58, 142
置く作業　　59, 66

か行

ガイディング　　49, 140, 143
概念化　　21, 26
抱えること　　5
からだの感じ　　21, 43, 48, 68
看護師　　6, 175, 176
間主観性　　164
感情体験（セラピストの）　　1, 3, 8, 13, 16, 82
逆転移　　5, 84
共感　　4, 82
教師　　175, 176
空間を作る（クリアリング・ア・スペース）　　149, 161
クライエント理解　　85, 154
傾聴　　104, 141, 170, 175
交錯　　155, 164
個人的問題（セラピスト自身の）　　7, 95
言葉　　24, 147

さ行

試行カウンセリング　　171, 174
自己モニタリング　　12
自己理解　　85, 150, 163, 175

主体感覚　　26, 29, 132, 152
情動　　23
心理療法　　2, 7, 10, 29, 145, 154, 157, 161, 180, 183
推進　　24, 35, 156
スーパーバイザー　　113, 143, 183
スーパービジョン　　11, 14, 32, 34, 42, 139, 144, 171, 172
ステップ
　——1（全体を確かめる）　　36, 43, 51, 83, 94, 103, 111, 149, 161, 163
　——2（方向を定める）　　37, 45, 84, 112
　——3（フェルトセンスを吟味する）　　38, 45, 84, 94, 103, 112, 150

た行

体験的応答　　21, 26, 29
体験的距離　　21, 35, 37, 47, 67, 136, 149
体験内容　　139
体験の仕方　　20, 23, 24, 27, 136, 139
対人援助職　　175
直接のレファランス　　21, 26
沈黙　　47, 139
投影性同一視　　5
鳥の目線　　182

は行

ピア・サポート　　11, 169
フェルトセンス　　21〜24, 31, 35, 38, 48, 103, 114, 140, 150, 167, 170, 185
フォーカサー
　——Aさん　　52, 117, 150, 163
　——B氏　　60, 145

── Cさん　　*70, 150, 151, 154, 163, 164*
　　── Dさん　　*90, 151, 156*
　　── Eさん　　*96, 140, 151, 156, 163*
　　── F氏　　*106, 151, 155, 156, 163, 164*
　　── Gさん　　*117, 151*
フォーカシング　*17, 18, 32, 184*
フォーカシング指向心理療法　*24*
ベテラン　*10, 143, 179, 183*
補足型同一視　*5*

ま行

燃え尽き（バーンアウト）症候群　*9, 175*

や行

融和型同一視　*84*

わ行

若手セラピスト　*10, 69, 83, 172, 173, 179*

著者略歴

吉良　安之（きら　やすゆき）

1955年　生まれ
1985年　九州大学大学院教育学研究科博士後期課程満期退学
1987年　九州大学教育学部助手
1989年　琉球大学医学部助手
1991年　九州大学教養部助教授
　　　　その後，健康科学センター，アドミッションセンター，高等教育総合開発研究センターを経て
現　在　九州大学高等教育開発推進センター教授，博士（教育心理学）
　　　　九州大学学生生活・修学相談室常任相談員
資　格　臨床心理士，大学カウンセラー，Focusing Institute 認定コーディネーター
主　著　『学生のための心理相談』（共著，2001，培風館），『主体感覚とその賦活化』（2002，九州大学出版会），『学生相談シンポジウム』（共著，2006，培風館），『フォーカシングの原点と臨床的展開』（共著，2009，岩崎学術出版社），『学生相談ハンドブック』（共著，2010，学苑社）

セラピスト・フォーカシング
―臨床体験を吟味し心理療法に活かす―
ISBN 978-4-7533-1013-5

著 者
吉良 安之

2010年11月19日 第1刷発行

印刷 新協印刷㈱ ／ 製本 ㈱中條製本工場

発行所 ㈱岩崎学術出版社 〒112-0005 東京都文京区水道1-9-2
発行者 村上 学
電話 03(5805)6623 FAX 03(3816)5123
ⓒ 2010 岩崎学術出版社
乱丁・落丁本はおとりかえいたします 検印省略

ロジャーズ主要著作集＝全3巻
C. R. ロジャーズ　著　　末武康弘・保坂亨・諸富祥彦　共訳

　1巻　カウンセリングと心理療法　　　　　　本体 7,000 円
　2巻　クライアント中心療法　　　　　　　　本体 6,300 円
　3巻　ロジャーズが語る自己実現の道　　　　本体 6,200 円

改訂 ロジャーズを読む
久能徹・末武康弘・保坂亨・諸富祥彦　共著　　本体 3,400 円
プロローグ／第Ⅰ部実践家ロジャーズ／第Ⅱ部理論家ロジャーズ／第Ⅲ部思想家ロジャーズ／第Ⅳ部ロジャーズ理解を深めるために／エピローグ

フォーカシングの原点と臨床的展開
諸富祥彦　編著
伊藤研一・吉良安之・末武康弘・近田輝行・村里忠之　著
　　　　　　　　　　　　　　　　　　　　　本体 3,800 円
第1章フォーカシングの原点／第2章ジェンドリンの思索における哲学的背景／第3章臨床的問題としてのジェンドリン哲学／第4章フォーカシング指向心理療法の基礎概念／第5章日々の臨床実践の土台としてのフォーカシング／第6章心理臨床にフォーカシングを活かす

遊戯療法
V. M. アクスライン　著　　小林治夫　訳　　本体 5,800 円
Ⅰはじめに／Ⅱ非指示的遊戯療法の場面と参加者／Ⅲ非指示的遊戯療法の原理／Ⅳ治療の記録とその解説

この本体価格に消費税が加算されます。定価は変わることがあります。